让学生循序渐进地
掌握科学阅读方法

伴随孩子成长一生的经典书系

经典文学
彩色美绘本

JING DIAN WEN XUE

经典润泽心灵
文学点亮人生

读一本好书
点亮一盏心灯
用经典之笔
打好人生底色
与名著为伴
塑造美好心灵

一本书像一艘船
带领我们从狭隘的地方
驶向人生的无限广阔的海洋

权威专家亲自审订 一线教师倾力加盟

QIANZIWEN

千字文

教育部推荐

语文新课标必读丛书

（南北朝）周兴嗣／著

博尔／选编

重庆出版集团 重庆出版社

图书在版编目（CIP）数据

千字文 /（南北朝）周兴嗣著；博尔选编. — 重庆：重庆出版社，2015.5（2018.10重印）
ISBN 978-7-229-09760-8

Ⅰ.①千… Ⅱ.①周… ②博… Ⅲ.①古汉语 – 启蒙读物
Ⅳ.①H194.1

中国版本图书馆CIP数据核字（2015）第086570号

千字文

（南北朝）周兴嗣　著　博尔　选编

责任编辑：杨冬梅
装帧设计：文　利

重庆出版集团
重庆出版社　出版、发行

重庆市南岸区南滨路162号1幢
邮政编码：400061　http://www.cqph.com
龙口市新华林文化发展有限公司印刷
全国新华书店经销

开本：710mm×1000mm　1/16　印张：10.5　字数：130千
2015年6月第1版　　　2018年10月第4次印刷
ISBN 978-7-229-09760-8
定价：30.00元

如发现质量问题，请与我们联系：（010）52464663

◎ 扬起书海远航的风帆

——写在"悦读悦好"丛书问世之际

阅读是中小学语文教学的重要任务之一。只有把阅读切实抓好了，才可能从根本上提高中小学生的语文水平。

青少年正处于求知的黄金岁月，必须热爱阅读，学会阅读，多读书，读好书。

然而，书海茫茫，浩如烟海，该从哪里"入海"呢？

这套"悦读悦好"丛书的问世，就是给广大青少年书海扬帆指点迷津的一盏引航灯。

"悦读悦好"丛书以教育部制定的《语文课程标准》中推荐的阅读书目为依据，精选了六十余部古今中外的名著。这些名著能够陶冶你们的心灵，启迪你们的智慧，营养丰富，而且"香甜可口"。相信每一位青少年朋友都会爱不释手。

阅读可以自我摸索，也可以拜师指导，后者比前者显然有更高的阅读效率。本丛书对每一部作品的作者、生平、作品特点及生僻的词语均作了必要的注释，为青少年的阅读扫清了知识上的障碍。然后以互动栏目的形式，设计了一系列理解作品的习题，从字词的认读，到内容的掌握，再到立意的感悟、写法的借鉴等，应有尽有，确保大家能够由浅入深、循序渐进地掌握科学阅读的基本方法。

本丛书为青少年学会阅读铺就了一条平坦的大道，它将帮助青少年在人生的路上纵马奔驰。

本丛书既可供大家自读、自学、自练，又可供教师在课堂上作为"课本"使用，也可作为家长辅导孩子学好语文的参考资料。

众所周知，阅读是一种能力。任何能力，都是练会的，而不是讲会的。再好的"课本"，也得靠同学们亲自费眼神、动脑筋去读，去学，去练。再明亮的"引航灯"，也只能起引领作用，代替不了你驾轻舟乘风破浪的航行。正所谓"师傅领进门，修行靠个人"。

作为一名语文教育的老工作者，我衷心地祝福青少年们：以本丛书升起风帆，开启在书海的壮丽远航，早日练出卓越的阅读能力，读万卷书，行万里路，成为信息时代的巨人！

高兴之余，说了以上的话，是为序。

人民教育出版社编审　　张定远

原全国中语会理事长　　2014.10 北京

◎ 悦读悦好 ◎

——用愉悦的心情读好书

很多时候，我们往往是有了结果才来探求过程，比如某同学考试得满分或者第一名，大家在叹服之余自然会追问一个问题——他（她）是怎么学的？……

能得满分或第一名的同学自然是优秀的。但不要忘了，其实我们自己也很优秀，我们还没有取得优异成绩的原因可能是勤奋不够，也可能是学习意识没有形成、学习方法不够有效……

优秀的同学非常注重自身的修炼，注意培养良好的学习习惯和学习能力，尤其是总结适合自己的学习方法和学习途径。阅读是丰富和发展自己的重要方法和途径，阅读可以使我们获得大量知识信息，丰富知识储量，阅读使我们感悟出更多、更好的东西——我们在阅读中获得、在阅读中感悟、在阅读中进步、在阅读中提升。

为帮助广大学生在学习好科学知识、取得理想的学业成绩的同时，还能培养良好的学习意识和学习能力、构建科学的学习策略，形成属于自己的学习方法和发展路线，我们聘请全国教育专家、人民教育出版社语文资深编审张定远、熊江平、孟令全等权威专家和一批资深教研员、名师、全国著名心理学咨询师联袂打造本系列丛书——"悦读悦好"。丛书精选新课标推荐名著，在构造上力求知识性、趣味性的统一，符合学生的年龄特点、阅读习惯和行为习惯。更在培养阅读意识、阅读方法、能力提升上有独特的创新，并增加"悦读必考"栏目以促进学生有效完成学业，取得优良成绩。

本丛书图文并茂，栏目设置科学合理，解读通俗易懂，由浅入深，根据教学需要划分为初级版、中级版和高级版三个模块，层次清晰，既适合课堂集中学习，也充分照顾学生自学的需求，还适合家长辅导使用；既有知识系统梳理和讲解，也有适量的知识拓展；既留给学生充分的选择空间，也充分体现新课改对考试的要求，是一套有价值的学习读物。

没有最好，只有更好。本套丛书在编撰过程中，得到教育专家、名师的广泛关注指导，广大教师和同学们的积极支持参与，对此我们表示最真诚的感谢！我们将热忱欢迎广大教师和学生给我们提出宝贵意见，以便再版时丰富完善。

"悦读悦好"编委会

功能结构示意图

第一课

天地玄黄，宇宙洪荒。
日月盈昃，辰宿列张。

注　释

古文今译

天是青黑色的，大地是黄色的，茫茫宇宙是一幅混沌未开的景色。
太阳升起落下，月亮有缺有圆；星辰布满在无边的天空中。

悦读故事

女娲补天

传说女娲创造了人，人类世世代代繁衍生息。然而，好景不长，忽然有一天，水神共工和火神祝融打了起来，结果祝融打胜了，但做了的共工心中并不服气，他一怒之下，一头撞向不周山，把不周山给撞塌了。支撑天地之间的大柱折断了，天塌下去了半边，出现了一个大窟窿，地也裂成一道道大裂纹，山林起了大火，洪水从地底下喷涌出来。

女娲为了解救人类，采石补天。她选用各种各样的五色石子，架起火来将它们熔化成浆，用这种石浆将残缺的天蓝窟窿补好，随后又斩下东海神龟的四脚，当作四根柱子把倒塌的半边天支撑起来。最后为了堵住洪水不再漫溢，女娲还收集了大量芦草，把它们烧成灰，填塞堵住四处裂开的洪道。

经过女娲的一番辛劳整治，苍天总算补上了，地也填平了，水也止住了，天地间恢复了平静，一切生物又都生机勃勃地出现在大地上。

悦读必考

1. 写出三个"日"字头的字，如：昃。

2. 填字造句。
　日月一齐东，但是不显明。
　造题：

3. 说一说你知道哪些星辰、星座？

"悦读悦好"系列阅读计划

　　在人的一生中，获得知识离不开阅读。可以说阅读在帮助孩子学习知识、掌握技能、培养能力、健康成长等方面都有着重要的不可或缺的作用。阅读不仅仅帮助孩子取得较好的考试成绩，而且对孩子各种基础能力的提高都有重大的意义。培养孩子的阅读兴趣和养成良好的阅读习惯、掌握有效的阅读技能是教育首先要解决的重大课题之一。为此，我们为学生制订了如下科学合理的阅读计划。

学 段	阅读策略	阅读建议
1~2年级	适合蒙学，主要特点是韵律诵读、识字、写字和复述文段等。 　　目标：初步了解文段的大致意思、记住主要的知识要点。	适合群学——诵读比赛、接龙、抢答。 　　阅读4~8本经典名著，以简单理解和兴趣阅读为主，建议精读1本（背诵），每周应不少于6小时。
3~4年级	适合意念阅读，在教师或家长引导下，培养由需求而产生的愿望、向往或冲动的阅读行为。 　　目标：培养阅读兴趣，养成良好的阅读习惯。	适合兴趣阅读和群学。 　　阅读8~16本经典名著，以理解、欣赏阅读为主，逐步关注学生自己喜欢或好的作品，每周应不少于6小时。
5~6年级	适合有目的的理解性阅读，主要特点依据教学和自身的需要选择合适的阅读材料。 　　目标：逐步培养阅读能力，培养学习意志和初步选择意识。	适合目标性阅读和选择性阅读。 　　选择与教学关联为主的阅读材料；选择经典名著并对经典名著有自己的理解和偏好。每周应不少于10小时。
7~9年级	适合欣赏、联想性和获取知识性阅读。 　　学生的人生观、世界观和价值观日渐形成，通过阅读积累知识、提高能力、理解反思，达成成长目标。	适合鉴赏和分析性阅读。 　　适当加大精读数量，培养阅读品质（如意志、心态等），形成分析、反省、质疑和批判性的阅读能力。

目录

MU LU

天地玄黄，宇宙洪荒①。
日月盈昃②，辰宿列张。

注释

① 洪荒：指混沌蒙昧的状态，特指远古时代；大荒。　② 盈昃：指日月圆满或亏缺。盈，充满。昃，太阳偏西。

古文今译

　　天是青黑色的，大地是黄色的；茫茫宇宙是一幅混沌未开的景色。

　　太阳升起落下，月亮有缺有圆；星辰布满在无边的天空中。

悦读故事

[女娲补天]

　　传说女娲创造了人，人类世世代代繁衍生息。然而，好景不长。忽然有一天，水神共工和火神祝融打了起来，结果祝融打胜了，但败了的共工心中并不服气，他一怒之下，一头撞向了不周山，把不周山给撞塌了。支撑天地之间的大柱折断了，天塌下去了半边，出现了一个大窟窿；地也裂成一道道大裂纹，山林起了大火，洪水从地底下喷涌出来。

女娲为了解救人类，采石补天。她选用各种各样的五色石子，架起火来将它们熔化成浆，用这种石浆将残缺的天窟窿填补好，随后又斩下东海神龟的四脚，当作四根柱子把倒塌的半边天支撑起来。最后为了堵住洪水不再漫流，女娲还收集了大量芦草，把它们烧成灰，填塞围堵四处铺开的洪流。

经过女娲的一番辛劳整治，苍天总算补上了，地也填平了，水也止住了，天地间恢复了平静，一切生物又都生机勃勃地出现在大地上。

悦读必考

1. 写出三个"日"字头的字，如：昃。

_____

2. 猜字谜。

日月一齐来，但是不是明。

谜底：_____

3. 说一说你知道哪些星星、星座？

_____

_____

_____

第二课

寒来暑往❶，秋收冬藏。

闰余成岁❷，律吕❸调阳。

云腾致雨，露结为霜。

注 释

❶寒来暑往：盛夏已过，寒冬将至。泛指时光流逝。　❷闰余成岁：地球绕太阳一周需时约365又四分之一天，是实际上的一年，而阴历十二个月却只有354天，实际上差十多天不够一年。所以每过数年就要多加一个月（闰月），以补足前几年欠缺之数。　❸律吕：即"六律六吕"，定音调用的律管和吕管，同时具有观察物候、确定时间的作用。

古文今译

寒暑循环变换，来了又去，去了又来；秋季里忙着收割，冬天里忙着储藏。

积累数年的闰余并成一个月，放在闰年里；古人用六律六吕来调节阴阳。

云气上升可以化为雨水，露水凝结就会变为霜。

悦读故事

〔尧定历法〕

尧是五帝之一帝喾的小儿子，很小的时候父亲就去世了，先是被封到陶地为侯，后来又被封到唐地为侯，所以后人称他为"唐尧"或"陶唐氏"。尧很年轻的时候就从才能平庸的兄长挚那里接任了部落首领之位，他深感当时的历法"干支历"的不足，想要制定一种新的历法。

什么是干支历呢？干支就是天干（甲、乙、丙、丁、戊、己、庚、辛、壬、癸）和地支（子、丑、寅、卯、辰、巳、午、未、申、酉、戌、亥）的结合，干支历就是用这六十个天干地支来表示天，也就是说一年只有六十天。顺便说一句，中国历史上最长寿的彭祖八百岁就是按照"干支历"计算的，而按照现在的历法彭祖只活了一百二十多岁，也够长寿了，但还不算夸张。

我们现在都知道地球围绕太阳公转一周需要三百六十五天，而"干支历"明显不能反映这一情况，也就仅有时间单位的作用。

尧很聪明，很早就意识到了天地万物随着时间的变迁会发生周期性的变化，他觉得历法应该承担起更大的社会作用——指导农业生产。

于是，尧命令羲氏、和氏根据日月星辰的运行状况制定历法。他派羲仲到东方海滨一个叫旸谷的地方去观察日出，以昼夜平分的那天作为春分，并参考鸟星的位置来校正；派羲叔到领地最南端的明都去观察太阳由北向南移动的情况，以白昼时间最长的那天为夏至，并参考火星的位置来校正；派和仲到领地最西边的昧谷去观察日落的情况，以昼夜平分的那天作为秋分，并参考虚宿的位置来校正；派和叔到领地的最北端幽都去观察太阳由南向北移动的情况，以白昼最短的那天作为冬至，并参考昴宿的位置来校正。这四个节气确定以后，尧决定以月亮的一次圆缺为一月，以三百六十六天为一年，每三年置一闰月，用闰月调整历法和四季的关系，使每年的农时正确，不出差误。并且，在这四个节气之外又设置了二十个节气，每月两个节气，提醒人们进行相应的农业生产活动。

历法制定完成之后，尧将它颁布天下，使农业生产有所依循。所以，从尧开始，中国的农业生产迈上了一个新的台阶，他也被人们尊为"五帝"之一。

悦读必考

1. 给"闰"加个偏旁组成一个新字，再组词。

   闰——（　　）（　　　）

2. 说一说，四季有哪些气候变化？

第二课

金生丽水[1]，玉出昆冈[2]。
剑号巨阙[3]，珠称夜光。

注释

[1] 丽水：《韩非子·内储说上》："荆南之地、丽水之中生金，人多窃采金。"
[2] 昆冈：即昆仑山。　[3] 巨阙：相传为春秋时期铸剑名师欧冶子所铸宝剑。

古文今译

金子产于丽水，玉石出自昆仑山。

最锋利的宝剑叫"巨阙"，最贵重的明珠叫"夜光"。

悦读故事

[巨阙剑]

相传，欧冶子是春秋时期的铸剑名师，越王允常命欧冶子铸造了五把宝剑，排名依次为湛卢、纯钧、巨阙、胜邪、鱼肠。五剑各有特色，锋利无比。

欧冶子铸造完成五把剑的时候，越王允常已经死了，他的儿子勾践继位为越王，五剑也成了越王勾践的财产。传说

巨阙剑初成时，勾践要到王宫的露台上观赏这把新铸成的巨剑。当时，勾践乘坐的马车失控了，惊马带着马车横冲直撞，冲乱了勾践随行卫士的队列。勾践拿起刚铸成的宝剑，指向惊马，想命令武士上前制止。但是，就在勾践挥动宝剑的时候，将惊马的头颅砍了下来。于是，勾践又命人取来一口大铁锅，用剑轻轻一刺，便将铁锅捅出了一个碗口大的缺口，就像切到泥上一样。因此，勾践便将这把巨剑命名为"巨阙"。

悦读必考

1. 给下面的字组词。

生（　　　）　出（　　　）　号（　　　）　称（　　　）

2. 写几个跟"阙"字结构一样的字。（不少于三个）

_____

_____

3. 说一说，你知道我国的哪些大山大河？

_____

_____

_____

第四课

果珍李柰❶，菜重芥姜。
海咸河淡，鳞❷潜羽❸翔。

注 释

❶柰：苹果的一个品种，也称"花红"。　❷鳞：指鱼类。　❸羽：指鸟类。

古文今译

果子中最珍贵的是李子和柰子，蔬菜中最看重的是芥菜和生姜。

海水是咸的，河水是淡的；鱼儿在水中游，鸟儿在空中飞翔。

悦读故事

[王戎和李子]

在中国古代，由于地区交通不发达，人们日常食用的水果很少，李子是其中比较常见的一种，大人小孩儿都爱吃。

传说，王戎从小就非常聪明。他七岁时，有一次和几个小伙伴一块儿外出游玩，发现路边有几株李子树，树上的枝条上，结满了李子，而且看上去一个个都熟透了。

小伙伴们一见，就情不自禁地流出了口水。于是，一个个高兴地竞相攀折树枝，摘取李子。只有王戎站在一旁，一动也不动。

伙伴们觉得非常奇怪，就叫喊着问王戎："喂，王戎，你为什么不摘啊？又红又大的李子，多好呀！"

王戎笑着回答："那树上的李子肯定是苦的，摘下来也不能吃。你看，这李树都长在道路旁边，上面结了那么多李子，却没有人去摘，要不是苦的，会是这样吗？"

上树摘果子的小伙伴儿们一尝，果然是这样。

王戎长大之后，在家里种了许多优良的李子树，李子又大又甜。他怕别人得到他这样好的种子，所以在卖李子前把所有李子的核都事先挖出来，不给别人留下种子。

悦读必考

1. 给下列汉字注音。

（　　）　　　（　　）　　　（　　）　　　（　　）

芥　　　　　鳞　　　　　潜　　　　　翔

2. 给下面的对联填上合适的字。

上联：两火为炎，此炎非盐，添水为淡。

下联：两土为（　　　　），此圭非龟，加卜成卦。

3. 说一说，你认识哪些水果和蔬菜？

_____

_____

_____

第五课

龙师❶火帝❷，鸟官❸人皇❹。

始制文字，乃服衣裳。

注 释

①龙师：传说伏羲氏时，有龙马衔图之瑞，于是用龙命名百官师长，称为"龙师"。如，有青龙官、赤龙官、黄龙官，等等。**②火帝**：传说神农氏用火给百官命名，因此叫他"火帝"。**③鸟官**：传说远古少皞氏用鸟给百官命名，称为鸟官、鸟师。**④人皇**：泛指"三皇"，即上古时代的天皇、地皇、人皇。

古文今译

龙师、火帝、鸟官、人皇，这都是上古时代的皇帝、官员。仓颉创造了文字，嫘祖制作了衣裳。

悦读故事

神农尝百草

古时候，人们靠捋草籽、采野果、猎鸟兽维持生活。有时吃了不该吃的东西，中了毒，严重时就会被毒死。谁要是生了病，更是无药医治。神农氏瞧在眼里，急在心头。可是，五谷和杂草长在一起，药物和百花开在一起，哪些能当粮食吃，哪些草药能治病，没人能够分得清。神农氏就决定自己亲自采摘花草，放到嘴里尝，看看哪些能吃，哪些能治病。

有一次，他把一棵草放到嘴里一尝，霎时天旋地转，一头栽倒在地。随从们慌忙将他扶起来，他知道自己中了毒，可是已经不会说话了，只好用最后一点儿力气，指着面前一棵灵芝草。

随从们慌忙把那棵灵芝草放到嘴里嚼，然后喂到他嘴里。神农氏吃了灵芝草，毒便解了。

从此，人们都说灵芝草能起死回生。

神农氏尝完一山的花草，又到另一座山去尝，一直尝了七七四十九天，他发现了麦、稻、谷子、高粱、豆子能充饥，就叫随从把种子带回去，让黎民百姓种植，这就是后来的五谷。

神农氏尝出了三百六十五种草药，写成了《神农本草经》，为天下百姓治病。

悦读必考

1. 填空。

（　　　　）创造了文字，（　　　　）制作了衣裳。

2. 用"制作"造句。

制作——_____

_____

3. 说一个你知道的上古神话传说故事。

_____

_____

_____

第六课

推位让国，有虞❶陶唐❷。
吊民伐罪❸，周发殷汤。

注 释

❶**有虞**：舜帝，姓姚，名重华，号有虞氏。　❷**陶唐**：尧帝，他姓伊祁，号放勋，因为他的封地在陶和唐（今天的山东一带），所以称他为陶唐。　❸**吊民伐罪**：慰问受苦的人民，讨伐有罪的统治者。吊，慰问。伐，讨伐。

古文今译

唐尧英明无私，主动把君位禅让给虞舜。

周武王姬发和商汤安慰无辜的百姓，讨伐有罪的统治者。

悦读故事

尧舜禅让

传说，黄帝之后，又出现了一位杰出的部落联盟首领——尧。

那时候，有什么大事，部落联盟首领要找各部落首领一起商量。

尧年纪大了，想找一个人继承部落联盟首领的职位，他召集四方部落首领来商议。

尧说出他的打算后，有人说："你的儿子丹朱继承你的位子很合适。"

尧严肃地说："不行，这小子品德不好，还喜欢跟人争吵。"

大家又一致推荐舜。

尧点点头说："我也听说过这个人。你们能不能把他的事迹详细地说说？"

大家便把舜的情况说了：舜的父亲瞽叟糊涂透顶；舜的生母早死了，后母很坏。后母生的弟弟名叫象，十分傲慢，瞽叟却很宠他。舜生活在这样的一个家庭里，对待他的父母、弟弟却很好。所以，大家认为舜德行好。

尧决定先考察一下舜。他把自己的两个女儿娥皇、女英嫁给舜，还替舜修筑了粮仓，分给他很多牛羊。后母和弟弟见了，又是羡慕又是妒忌，和瞽叟一起，几次三番想谋害舜。

舜用自己的智慧躲过了后母和弟弟的谋害，却还是像过去一样和和气气地对待他的父母和弟弟，瞽叟和象再也不敢暗害舜了。

尧听大家介绍了舜的事迹，又经过考察，认为舜确实是个品德好又挺能干的人，就把首领的位子让给了舜。这种让位，历史上称作"禅让"。

舜接位后，又勤劳，又简朴，跟老百姓一样劳动，受到大家的信任和尊敬。

悦读必考

1. 组词。

推（　　　）　　　　让（　　　）　　　　罪（　　　）

2. 写出下列字的结构。

吊—（　　　）结构　周—（　　　）结构　殷—（　　　）结构

3. 讲一讲"舜与弟弟象"的故事。

第七课

> 坐朝问道，垂拱平章❶。
>
> 爱育黎首❷，臣伏戎羌❸。
>
> 遐迩❹一体，率宾归王。

注 释

❶平章：商量处理。　❷黎首：黎民。　❸戎羌：东夷、南蛮、北狄、西戎的简称，泛指少数民族。　❹遐迩：远近。遐，远。迩，近。

古文今译

贤君身坐朝廷，探讨治国之道，垂衣拱手，毫不费力就能使天下太平，功绩彰著。

他们爱抚、体恤老百姓，连边疆的少数民族都愿归顺臣服。

普天之下都统一在了一起，全都心甘情愿地归顺贤君。

悦读故事

[黄旛绰解梦]

安史之乱之前，唐玄宗的宠臣黄旛绰经常劝唐玄宗要防备安禄山。安禄山攻占长安，唐玄宗逃亡四川时，唐玄宗也没顾上带黄旛绰一起走，结果黄旛绰被安禄山俘虏，他便又投入安禄山的阵营，经常随行在安禄山左右。

有一天，安禄山跟左右随从说："我做了一个梦，梦见自己的袖子变得非常长，你们说说看，这是什么预兆啊？"

才思敏捷的黄旛绰抢先一步，走到安禄山面前，向安禄山作揖，说："恭喜皇上（安禄山僭越称帝，国号燕），这是上天在告诉皇上，您即将'垂拱而治'。"

安禄山对黄旛绰的话很感兴趣，便问他："什么叫'垂拱而治'？"

黄旛绰说："上古圣王，什么都不用做，却能使天下太平。故垂拱而治，无为而治。"

安禄山听了十分高兴，赏赐了黄旛绰一番。

后来，安禄山被自己的儿子杀害，唐军收复长安，黄旛绰又被叛军留给了卷土重来的唐军，于是他便又见到了已经变成了太上皇的唐玄宗。

有人告发了黄旛绰谄媚安禄山的行为，并且把黄旛绰给安禄山解梦的事情作为重点证据，这让唐玄宗很不高兴。

黄旛绰向唐玄宗辩解说："我早就知道安禄山是一个跳梁小丑，我给他解梦的话是骗他的，袖子很长的意思其实是'出手不得'，这说明这个叛贼蹦跶不了多久了。"

唐玄宗听了黄旛绰的话，又转怒为喜，比以前更加宠信黄旛绰了。

悦读必考

1. 组词。

拱（　　　）　　　黎（　　　）　　　宾（　　　）

2. 查成语词典，解释成语。

闻名遐迩：_____

3. 你知道哪些少数民族的名称？写一写。

_____

_____

_____

第八课

鸣凤在竹，白驹食场[1]。
化被[2]草木，赖[3]及万方。

注　释

[1]白驹食场：出自《诗经·小雅·白驹》："皎皎白驹，食我场苗，执之维之，以永今朝。"　[2]被：盖，遮覆。　[3]赖：得益；赢利。

古文今译

凤凰在竹林中欢鸣，白马在草场上觅食，国泰民安，处处吉祥。

贤君的仁德之治使草木都受了恩惠，恩泽遍及天下百姓。

悦读故事

[百鸟朝凤]

相传，凤凰只是一只普通的小鸟，羽毛也很平常，并没有传说中的那样光彩夺目。但是，它有一个优点——勤俭，不像别的鸟那样吃饱了就知道玩耍，而是从早到晚地忙个不停，将别的鸟儿扔掉的果实都一颗一颗地捡起来，收藏在洞里。

别的鸟儿都嘲笑凤凰："这有什么意思呀？""这不是财迷、大傻瓜吗？"

结果，有一年，森林大旱。鸟儿们找不到食物，都饿得头昏眼花，快支撑不下去了。这时，凤凰急忙打开山洞，把自己多年积攒下来的干果和草籽拿出来分给大家，和大家共渡难关。

旱灾过后，为了感谢凤凰的救命之恩，鸟儿们都从自己身上选了一根最漂亮的羽毛拔下来，制成了一件光彩夺目的衣服献给凤凰，并一致推举它为鸟王。

以后，每逢凤凰生日之时，四面八方的鸟儿都会飞来向凤凰道贺，这就是百鸟朝凤。

悦读必考

1. "鸣"去掉一点就是"鸣"，把下面的字去掉一笔，变成一个新字。

白——（　　　）　　　方——（　　　）

2. 填空。

我们称小马为＿＿＿，小牛为犊，小羊为羔，小鸟为雏。

3. 你还知道哪些代表吉祥的动物呢？

＿＿＿＿＿＿＿＿＿＿＿＿＿＿＿＿＿＿＿＿＿＿＿＿＿＿

第九课

盖此身发，四大[1]五常[2]。
恭惟鞠养[3]，岂敢毁伤。

注 释

[1]四大：佛教术语，指"地、水、火、风"四大物质因素。人的身体也是由"四大"构成的。 [2]五常：儒家认为人应该拥有的五种最基本的品格和德行，即仁、义、礼、智、信。 [3]鞠养：抚养，养育；供养，赡养。

古文今译

人的身体发肤，是由地、水、火、风四大物质构成的；人的思维意识，是以仁、义、礼、智、信五常为准则的。

恭敬地想到父母的养育之恩，怎么敢随便损伤自己的身体。

悦读故事

夏侯惇拔矢啖睛

三国时期，曹操、吕布、刘备围绕着徐州进行了多次争夺。在一次战斗中，曹操的部将夏侯惇和吕布的部将高顺、曹性交战。

最初，夏侯惇和高顺单打独斗。高顺打不过夏侯惇，于是转身就跑。夏侯惇紧追不舍。高顺的同僚曹性眼看夏侯惇就要追上高顺了，于是暗中张弓搭箭，对准夏侯惇就是一箭。

俗话说："明枪易躲，暗箭难防。"夏侯惇听到弓弦响起的声音，但是已经迟了，被曹性一箭射中了眼睛。悍勇的夏侯惇抓

住箭杆，就把这支箭拔了出来。结果，夏侯惇的一只眼睛也被带了出来。

夏侯惇捧着自己的眼睛，说："身体发肤，受之父母，岂敢毁伤。父精母血，不可弃也！"于是，就把那只眼睛放进嘴里吃了下去。

看到夏侯惇如此悍勇，两军交战的将士都惊呆了，曹性也不例外。夏侯惇大喝一声，骑马冲上前去，一枪戳死了毫无防备的曹性。

悦读必考

1. 填空。

写出三个代表身体部位的词语：_____、_____、_____。

2. 把下面的反问句改写成陈述句。

恭敬地想到父母的养育之恩，怎么敢随便损伤自己的身体？

_____

_____

3. 说一说你是如何保护自己的身体健康的？

_____

_____

第十课

女慕①贞洁，男效②才良。
知过必改，得能莫忘。

注 释

❶慕：仰慕。 ❷效：效仿。

古文今译

女子要仰慕那些持身严谨的贞妇洁女，男子要效法有德有才的贤人。

知道自己有过错，一定要改正；掌握了技能，要时常加以练习，不要遗忘。

悦读故事

[曹操割发代首]

时值麦熟时节，曹操率军出征。有的士兵不知道爱惜粮食，随意踩踏麦田。于是，曹操就下了一道军令：凡是践踏粮食的士兵，无论职位高低，全部斩首。

军令一出，士兵们经过麦田时，都小心走路，亦没人敢再践踏麦子。老百姓见了，无不称赞。

就在曹操骑马前行的时候，田野里忽然飞起一只鸟儿，惊吓了他的马，马便一下子窜入田地，踏坏了一片麦子。

曹操立即叫来随行的官员，要求他治自己践踏麦田的罪。

这个官员说："我怎么能治丞相的罪呢？"

曹操说："如果连我自己颁布的军令都不遵守，还会有谁心甘情愿地遵守呢？一个不守信用的人，怎么能统领万千士兵呢？"随即，他抽出腰间的佩剑就要自杀，众人连忙拦住。

这时，一个大臣走上前说："丞相统领大军，重任在肩，怎么能自杀呢？"

曹操听了这话，想了一会儿说："既然我肩负着重要任务，那就暂且免去一死吧！但是，我不能说话不算话，我犯了错也应该受罚。"说完，曹操抬手用剑割下一缕自己的头发，然后说道："我就用割头发代替斩首

吧!"

接下来,曹操又派人传令三军:"丞相践踏麦田,本该斩首示众,因为肩负重任,所以用割掉头发赎罪。"

剪头发是件很正常的事,可是,古代人认为:头发是从父母那里继承来的,随便割掉不仅大逆不道,而且还是不孝的表现。曹操作为封建社会的政治家,能够割发代首,严于律己,实属难能可贵。

悦读必考

1. 组词。

慕(　　　)　　　效(　　　)　　　莫(　　　)

2. 用"知错就改"造句。

知错就改——＿＿＿＿＿＿＿＿＿＿＿＿＿＿＿＿＿＿

＿＿＿＿＿＿＿＿＿＿＿＿＿＿＿＿＿＿＿＿＿＿＿＿＿

3. 说一个发生在你周围的知错就改的故事。

＿＿＿＿＿＿＿＿＿＿＿＿＿＿＿＿＿＿＿＿＿＿＿＿＿

＿＿＿＿＿＿＿＿＿＿＿＿＿＿＿＿＿＿＿＿＿＿＿＿＿

＿＿＿＿＿＿＿＿＿＿＿＿＿＿＿＿＿＿＿＿＿＿＿＿＿

第十一课

罔^❶谈彼短，靡恃己长。

信使可覆^❷，器欲难量。

注　释

❶罔：表示禁止或劝阻，相当于"别""不要"。下文"靡"与之同。　❷覆：审察；查核。

古文今译

不要去谈论别人的短处，不要依仗自己有长处就不思进取。要诚实可信，经得起考验；心胸要宽广，让人难以估量。

悦读故事

[学者和船夫]

一个船夫，在波涛汹涌的河流上驾驶着小船，船上坐着一位学者。

学者问船夫："你懂得历史吗？"

船夫回答说："不懂。"

学者立即给予批评说："那你已经失去了一半的生命了！"

接着又问："你研究文学吗？"

船夫回答："没有！"

学者又批评说："那你就失去一半以上的生命了！"

话刚说完，一阵滔天巨浪把船掀翻，学者和船夫一起落入了水中。

船夫对学者大喊："你会游泳吗？"

学者说："不会！"

船夫同情地说："那么你现在就要失去整个生命了！"

悦读必考

1. 写出至少三个半包围结构的字，如：冈。

_____

2. 拟定几条劝告他人不要歧视残疾人的广告语。

_____

_____

_____

第十二课

墨悲丝染，诗①赞羔羊②。

景行③维贤，克④念作圣。

德建名立，形端表正。

注 释

①诗：《诗经》。　②羔羊：《诗经·召南·羔羊》，赞美君子品德美纯如羔羊。
③景行：大路，比喻行为光明正大。出自《诗经·小雅·车辖》："高山仰止，景行行止。"　④克：主宰、控制。

古文今译

墨子为白丝染上其他颜色而悲泣，《诗经》中称赞君子品德美纯如同羔羊。

仰慕贤人高贵的品行，才能成为贤人；尽力克制私欲，这样才可成为圣人。

养成了好的德行，好名声自然就会建立起来。一个人行为端正，仪表自然就具有威仪了。

悦读故事

[墨悲丝染]

　　墨子在染坊里观看染丝的过程。纯白的丝被放进染缸里，拿出来后就会变成五颜六色的了。

　　因此，墨子感慨地说："放到青色的染缸里就会变成青色，放到黄色的染缸里就会变成黄色，放入的染料不同，出来的颜色也不同。若先后放入五种不同颜色的染料，也会先后变成五种颜色了，所以染丝不能不慎重啊！"

　　不但染丝是这样，掌管国家的人也有受感染的。

　　舜受到许由、伯阳的熏染；禹受到皋陶、伯益的熏染；汤受到伊尹、仲虺的熏染；武王受到太公、周公的熏染。这四代君王

受到好的熏染，所以能治平天下，被拥戴为天子。

夏桀受到干辛、推哆的熏染；殷纣受到崇侯、恶来的熏染；厉王受到虢公长父和荣夷公的熏染；幽王受到傅公夷和蔡公谷的熏染。这四代君王受到坏的熏染，因此扰乱天下，国破身亡，被天下人刑戮。

悦读必考

1. 解释下列词语。

建立：_____

端正：_____

2. 《诗经》中称赞：君子品德美纯，有如羔羊。请你仿写一个比喻句。

_____

_____

3. 查资料，说一说墨子是一个什么样的人。

_____

_____

_____

第十三课

空谷传声，虚堂习[1]听。

祸因恶积，福缘[2]善庆[3]。

尺璧非宝，寸阴是竞[4]。

注释

[1]习：通晓，熟悉。　[2]缘：由于。　[3]善庆：善行多福。出自《周易·坤·文言》："积善之家，必有余庆；积不善之家，必有余殃。"善，善事。庆，可祝贺的事。　[4]竞：竞争。这里比喻争取、珍惜。

古文今译

空旷的山谷中呼喊声会传得很远，宽敞的厅堂里说话声会非常清晰。

祸害是因为作恶积累而成的报应，幸福是由于长年行善而得到的回报。

一尺长的璧玉算不上宝贵，一寸短的光阴却值得珍惜。

〔善　庆〕

苏东坡去拜访佛印的时候，佛印正在吃饭，刚把鱼端上桌，就听到小和尚禀报："东坡居士来访。"

佛印不想给苏东坡吃鱼，把鱼扣在一口磬里后，才出门来迎接。

两人刚坐下，苏东坡就闻到了阵阵鱼香，又看到桌上反扣的磬，心想："磬从来都是口朝上，今天却反扣着，必有古怪。"

佛印说："居士今日光临，不知有何见教？"

苏东坡装作一本正经的样子，说："在下遇到一个难题，特来向长老请教。"

佛印连忙双手合十说："阿弥陀佛，不敢，不敢。"

苏东坡笑了笑说："有一个上联是：向阳门第春常在。在下一时对不出下联，望长老赐教。"

这是个老对子，佛印脱口而出："下联是：积善人家庆有余。"

苏东坡哈哈大笑："既然磬（庆）有鱼（余），就请拿出来让我也分享一下吧！"

悦读必考

1. 组词。

积（　　　）　　　善（　　　）　　　竞（　　　）

2. 填空。

"尺璧非宝，寸阴是竞。"用比较熟悉的名言来说，

可以说是："一寸光阴一寸金，＿＿＿＿＿＿＿＿＿"。

3. 说一说，你平常是怎么节约时间的？

＿＿＿＿＿＿＿＿＿＿＿＿＿＿＿＿＿＿＿＿＿＿＿＿＿

＿＿＿＿＿＿＿＿＿＿＿＿＿＿＿＿＿＿＿＿＿＿＿＿＿

＿＿＿＿＿＿＿＿＿＿＿＿＿＿＿＿＿＿＿＿＿＿＿＿＿

第十四课

资^❶父事^❷君，曰严与敬。
孝当竭力，忠则尽命^❸。

注 释

❶资：资助。 ❷事：侍奉。 ❸尽命：泛指尽力而为。

古文今译

赡养父亲，侍奉国君，要做到认真、谨慎、恭敬。
对父母孝，要尽心竭力；对国君忠，要不惜献出生命。

悦读故事

[谨慎的石奋父子]

西汉是一个人才辈出的朝代，万石君石奋父子就是其中之一。
石奋追随汉高祖刘邦时才十五岁。当年，刘邦与项羽争霸天下，率军从河内路过，石奋就在那时候投了刘邦，担任刘邦身边的侍从。石奋的能力在汉初群星璀璨的名将奇才里，根本就不显眼，甚至连曹参门下的一个食客都可以对其呼来喝去。但是，石奋一直都任劳任怨地做着各种杂事，从无怨言。

就这样过了几年，连刘邦都注意到了在自己手下有这么个勤奋认真得像块石头的小臣。于是，刘邦就把石奋安排在他身边，做了刘邦的贴身侍从，把起草诏书、整理公文这些事情都交给石奋去做。石奋也就成了侍从官里权力最大的一个。

但是，石奋却始终没有改变他的做事风格，谨慎而且诚实本分。因此，刘邦非常喜欢石奋，更因为石奋的缘故，将其姐姐纳入后宫为妃。

汉文帝登基之后，当年跟随刘邦打天下的名臣大将死的死，老的老，石奋竟然成为了汉室两千石级别的太中大夫。这还不止，石奋的四个儿子，先后出仕，也分别做到了两千石的级别。因此，汉文帝称石奋为"万石君"。

石奋为人非常谨慎，他的几个儿子也是这样。石奋的小儿子石庆曾担任九卿之一的太仆，掌管皇帝的车马，皇帝出行则亲自为皇帝驾驶

马车。有一次，皇帝坐在马车上问石庆，自己坐的马车有几匹马。虽然石庆差不多是天天给皇帝驾车，别说拉车的马了，就是马车上有多少颗钉子他都了如指掌，但他还是拿着马鞭数了一遍才告诉皇帝，"六匹。"石庆如此谨慎，在石奋和石奋的儿子们中还不算是最出众的人，可见石家父子做事是多么谨慎。

悦读必考

1. 用原文填空。

"孝当竭力，忠则尽命。"孝是指上一句中的（　　　），忠是指上一句中的（　　　）。

2. 解释词语。

尽心竭力：_____

_____

3. 说一个你所知道的尽忠职守的故事。

_____

_____

_____

第十五课

临深履薄❶，夙兴❷温清❸。

似兰斯馨❹，如松之盛。

川流不息，渊澄取映。

容止❺若思，言辞安定。

注 释

❶临深履薄：面临深渊，脚踩薄冰。比喻小心谨慎，唯恐有失。深，深渊。履，踩踏。薄，薄冰。出自《诗经·小雅·小旻》："战战兢兢，如临深渊，如履薄冰。" ❷夙兴："夙兴夜寐"之略。早起晚睡，形容勤奋。夙，早。兴，起来。寐，睡。《诗经·卫风·氓》："夙兴夜寐，靡有朝矣。" ❸温清："冬温夏清"之略。冬天使父母温暖，夏天使父母凉爽。指人子孝道。亦泛称冬暖夏凉。清，凉。 ❹馨：馨香，散播很远的香气，指人品德美好、高尚。 ❺容止：仪容举止。

古文今译

侍奉国君要像"如临深渊，如履薄冰"那样小心谨慎；孝敬父母要早起晚睡，让父母冬暖夏凉。

能这样去做，德行就同兰花一样馨香，同青松一样茂盛。

（延及子孙）像大河一样奔流不息，（影响世人）像深渊之水一样清澈照人。

仪态举止要沉静安详，言语措辞要稳重，显得从容沉静。

悦读故事

［临深履薄］

东汉时期，卫尉马廖是伏波将军马援的长子、明德马皇后的长兄，他性格谨慎敦厚，不爱名利，但对儿子却很放任。

他的朋友杨终写信劝告他说："子不教，父之过。如今你地位尊崇，天下人都在看着你。难道不应该像《诗经》中说的'战战兢兢，如临深渊，如履薄冰'那样小心谨慎吗？你儿子年龄幼小，血气方刚，结交的都是一些轻浮的人。如果你继续放纵他的行为，恐怕会招惹大祸的。"

马廖没有采纳杨终的劝谏，结果明德马皇后一死，他就因为长子马豫的原因而被人抓住了把柄，革除了职务。

悦读必考

1. 写出下面词语的近义词。

言辞——（　　　　　）　　　安定——（　　　　　）

2. 用"川流不息"造句。

川流不息——_____

_____

3. 说一说，你是如何孝敬父母的？

_____

_____

_____

第十六课

笃❶初诚美，慎终❷宜令❸。
荣业所基，籍甚❹无竟❺。

注　释

❶笃：忠实，诚信。　❷慎终：慎重地考虑到事情的后果。　❸令：美好。　❹籍甚：盛大，多。　❺竟：穷尽，完。

古文今译

无论修身、求学，重视开头固然不错，认真去做，有好的结果更为重要。

这是一生荣誉事业的基础，这样发展前途将会没有止境。

悦读故事

[善始善终的陈平]

秦朝末年，陈平曾经在乱世之中做过多个势力的官员——魏王咎的太仆，项羽的都尉，刘邦的军中尉，能应付各种情况，并能善始善终。

陈平做项羽部下的时候，因为能力突出而遭到谗言中伤。于是，离开项羽，投奔了刘邦。一到刘邦军中，陈平就献计，趁项羽伐齐之机，攻占项羽的巢穴彭城。

但是，进驻彭城之后，刘邦沉湎于酒色，又自恃兵多，麻痹轻敌，放松戒备，加上汉军虽然号称五十万，却是乌合之众。被项羽率三万精兵杀得猝不及防，刘邦不得不请求割荥阳以西求和。

看到刘邦没有迁怒于自己，陈平又鼓起勇气向刘邦献计说："主公不必忧虑，眼下情势正在发生变化。只要主公扬长避短，天下顷刻可定。项羽主要依靠范增、钟离昧、龙且和周殷几个人。主公如能舍得几万两黄金，可施反间计，使他们君臣相互猜疑。项羽本来就好猜忌、信谗言，必然引起内讧而自相残杀。到那时，我军趁机反攻，势必破楚。"

刘邦觉得陈平的计策可行，便给了陈平四万两黄金，任其支配。

于是，陈平就开始利用这笔钱积极地在楚军中施行他的反间计。他用重金收买了一些楚军将士，让他们四处散布流言蜚语，说范增、钟离昧等大将为项王带兵打仗，功劳很多，却始终得不到项王分封土地给他们，也得不到侯王的爵号，他们心里有怨气，打算同汉军联合起来去消灭项氏，瓜分项氏的土地而自立为王。

项羽起了疑心，对钟离昧渐渐不信任，对范增也日益疏远。

范增非常气愤，请求退隐山林。项羽也不阻拦，竟然准其所请。

在回老家的路上，范增又气又恼，背生痈疽，一病而死。

项羽闻知范增死讯，方知中了反间计，十分懊悔，但为时已晚。

悦读必考

1. 形近字组词。

成（　　　）　　令（　　　）　　竟（　　　）

诚（　　　）　　今（　　　）　　竞（　　　）

2. 把下面的句子改写成用关联词"虽然……但是……"连接的句子。

无论修身、求学，重视开头固然不错，认真去做，有好的结果更为重要。

3. 说一说，你是如何对一件事做到善始善终的？

第十七课

学优❶登仕，摄❷职从政。
存以甘棠❸，去而益咏。

注 释

❶学优：出自《论语》："学而优则仕。" ❷摄：代理。 ❸甘棠：木名，即棠梨。《史记·燕召公世家》："周武王之灭纣，封召公于北燕……召公巡行乡邑，有棠树，决狱政事其下，自侯伯至庶人各得其所，无失职者。召公卒，而民人思召公之政，怀棠树不敢伐，歌咏之，作《甘棠》之诗。"后遂以"甘棠"称颂循吏的美政和遗爱。

古文今译

学习出色就可走上仕途（做官），并可以担任一定的职务，参与国家的政事。

召公活着时曾在甘棠树下理政，他过世后老百姓对他更加怀念，并加以歌咏。

悦读故事

爱民官员郑板桥

郑板桥，名燮，号"板桥"。他曾担任过山东潍县县令，为官爱民，深得百姓爱戴。

为了避免打扰百姓，郑板桥每次出巡都不许差官打出"回避"和"肃静"的牌子，也不许鸣锣开道。有时，郑板桥还穿着布衣草鞋，微服私访。

郑板桥体恤孤儿，常常倾力相助。遇到下雨天，学堂里的孩子无法回家，他就让人给他们送饭，又想到孩子们走泥路容易损坏鞋子，就让人找些旧鞋送给他们。

遇到灾荒，郑板桥都会向朝廷据实呈报，力请朝廷救济百姓，丝毫不顾及自己的政绩。他带头捐出自己的俸禄，还让富裕人家轮流舍粥供饥民糊口。灾情严重时，他还打开官仓，借粮给百姓应急。下属们都劝他谨慎从事，因为没有朝廷批准，官员擅自打开官仓，是要受到惩处的。郑板桥说："等到朝廷批准，百姓早就饿死了，这责任由我一人承担！"就这样，郑板桥救活了很多人。

乾隆十七年(1752)时，潍县发生了大灾害，郑板桥因为替百姓申请救济而触怒了上司，结果被罢了官。临行前，全城百姓都来送行。

有一首现在还被人们广泛流传、劝说官员爱民的打油诗，相传就是郑板桥的作品："做官不为民做主，不如回家卖红薯。"

悦读必考

1. 写出两个与"棠"字读音相近、偏旁不同的字。

（　　　）　　　　　　（　　　）

2. 用原文的词语填空。

"登仕""摄职""_____"都是做官的别称。

3. 说一说，你知道哪些官职名称？

_____

_____

_____

第十八课

乐①殊②贵贱，礼别尊卑。
上和下睦，夫唱妇随。

注 释

❶乐：音乐。　❷殊：分；区别。

古 文 今 译

乐曲的选取，礼节的施行，要分高低贵贱。

人与人之间都应和睦相处。夫妻之间要一唱一和，恩爱和睦。

悦读故事

[乐殊贵贱，礼别尊卑]

武王完成伐纣之后就死了，继位的周成王年幼，建立周朝制度的是武王的弟弟周公旦。周公旦建立了严密的宗法等级社会，什么样的人享受什么样的待遇都有例可循，哪怕是音乐这种小事情，都有详细的规定：奏乐舞蹈的行列，必须一列八人，称为一佾，只有天子才能用八佾，诸侯用六佾，卿大夫用四佾，士用二佾。

但是，周朝的辉煌时期非常短暂，那些诸侯的实力很快就膨胀到不把周天子当回事的地步了，用成语来形容就是"礼乐崩坏"。鲁国正卿季孙氏在他家的庙庭中观看只有天子才能用的"八佾之舞"，所以一心维护等级社会制度的孔子痛心疾首地说："八佾舞于庭，是可忍也，孰不可忍也。"

悦读必考

1. 多音字组词。

乐 { lè （　　　）　 yuè （　　　） 　　　 和 { hé （　　　）　 hè （　　　）

2. 写出反义词。

贵——（　　　）　　　尊——（　　　）

上——（　　　）　　　幼——（　　　）

3. 说一说，你会唱哪些歌曲？

_____

_____

_____

第十九课

外受傅❶训，入奉母仪。
诸姑伯叔，犹子比儿。

注 释

❶傅：师傅。

古文今译

在外面要听从师傅的训导，在家里要遵守母亲的规范。

对待姑姑、伯伯、叔叔等长辈，要像他们的亲生子女一样孝顺。

悦读故事

孙悟空骗赛太岁

孙悟空在朱紫国得知有个叫赛太岁的妖怪掳走了朱紫国的王后，决定去消灭妖怪救回王后。谁知道，赛太岁的铃铛是个法宝，法力很厉害，使孙悟空差点儿吃了大亏。于是，孙悟空和被妖怪掳走的王后里应外合地偷走了赛太岁的铃铛。

偷走铃铛之后，孙悟空有恃无恐，跑到赛太岁门前叫阵。

几个小妖跑到洞里禀报赛太岁。

赛太岁说："先不要开门，你去问他是从哪里来的，姓甚名谁，快来回报。"

小妖急忙出去，隔门问道："打门的是谁？"

孙悟空说："我是朱紫国请来的外公，来接王后娘娘回国！"

听到小妖回报，赛太岁问王后："娘娘，你朝中有多少将帅？"

王后说："在朝有四十八位大臣，良将千员，各路元帅、总兵，不计其数。"

赛太岁问："可有个姓外的吗？"

王后说："我在宫中，只知辅助君王，教诲妃嫔，管理后宫，怎记得朝廷将帅姓名？"

赛太岁说："这来者自称外公。我想这《百家姓》上没有姓外的啊！娘娘天赋聪明，出身高贵，居皇宫之中，必多览书籍。记得哪本书上有这个姓吗？"

王后说："《千字文》上有句'外受傅训'，想必就是出自这里。"

QIAN ZI WEN

悦读必考

1. 写出下列词语的近义词。

教训——（　　　）　　　　　　犹如——（　　　）

2. 判断下面的句子是否是比喻句。

对待姑姑、伯伯、叔叔等长辈，要像他们的亲生子女一样孝顺。

_____

_____

3. 除了姑姑、伯伯、叔叔之外，你还知道哪些表示亲戚关系的词语？

_____

_____

第二十课

孔怀❶兄弟，同气连枝。

交友投分，切磨❷箴❸规。

注　释

❶ **孔怀**：出自《诗·小雅·常棣》："死丧之威，兄弟孔怀。"后来多用"孔怀"代指"兄弟"。　❷ **切磨**：本指加工玉石等器物，此引申为学问上的探讨研究。《诗经·卫风·淇奥》："有匪君子，如切如磋，如琢如磨。"　❸ **箴**：劝诫、劝勉。

古文今译

兄弟之间要互相友爱，因为同受父母血气，犹如树枝相连。结交朋友要情意相投，学习上切磋琢磨，品行上互相告勉。

悦读故事

人琴俱亡

王羲之有七子一女，都在书法上有很高的造诣，最出名的是他的幼子王献之，父子二人合称"二王"。王献之和他的五哥王徽之感情最为深厚。

那一年，王徽之、王献之相继病危。

信奉天师道的王徽之便请来了一位术士，问他说："听说，人快死的时候，如果有人愿意自折阳寿，那快死的人就能转危为安，是这样吗？"

术士说："是有这么回事。"

王徽之十分高兴，说："我的弟弟王献之病重，请仙师用我的阳寿为我弟弟续命吧！"

术士摇摇头，说："给别人续命，也要自己还有阳寿才行。你和你弟弟都是大限将至。你又拿什么替你弟弟续命呢？"

王徽之深受打击而陷入了昏迷，几天后才醒来。醒来后的第一句话就是问王献之的病情。此时，王献之已经死了。

王徽之得知消息之后，不顾病体，拿起了王献之生前最喜欢的琴，赶去为王献之奔丧。但是，在灵堂上，王徽之怎么也弹不出小时候他和王献之一起学习的音调。王徽之哀叹了两句"人琴俱亡"之后，便昏死在王献之的灵堂上，一个月之后，他也去世了。

悦读必考

1. 组词。

怀（　　） 投（　　） 切（　　） 规（　　）

2. 查成语词典，解释成语。

同气连枝：＿＿＿＿＿＿＿＿＿＿＿＿＿

＿＿＿＿＿＿＿＿＿＿＿＿＿＿＿＿＿＿＿

3. 说一说，你有哪些良师益友，他们给了你哪些帮助？

＿＿＿＿＿＿＿＿＿＿＿＿＿＿＿＿＿＿＿

＿＿＿＿＿＿＿＿＿＿＿＿＿＿＿＿＿＿＿

第二十一课

仁慈隐恻❶，造次❷弗离。
节❸义廉退❹，颠沛❺匪❻亏。

注 释

❶隐恻：恻隐，怜悯、同情。 ❷造次：须臾；片刻。和下文的"颠沛"都是出自《论语·里仁》："君子无终食之间违仁，造次必于是，颠沛必于是。" ❸节：气节。 ❹退：谦让。 ❺颠沛：无家可归，不断漂泊，居无定所。 ❻匪：非，不是。

古文今译

仁义、慈爱，对人的恻隐之心，在任何地方、任何时候也不能抛离。

气节、正义、廉洁、谦让的美德，在最穷困潦倒的时候也不可丧失。

文天祥威武不屈

南宋末年，都城临安被蒙古军队攻入。丞相文天祥组织武装力量坚决抵抗。失败被俘后，蒙古人劝他投降，他回忆过去几年中救亡图存、颠沛流离的生活，写了一首诗，名叫《过零丁洋》：

辛苦遭逢起一经，干戈寥落四周星。

山河破碎风飘絮，身世浮沉雨打萍。

惶恐滩头说惶恐，零丁洋里叹零丁。

人生自古谁无死？留取丹心照汗青。

其中，"人生自古谁无死，留取丹心照汗青"两句的意思是：人总是要死的，就看怎样死法，是屈辱而死呢，还是为民族利益而死？文天祥选取了后者，要把这片忠心记录在历史上。

文天祥被拘囚在大都一个阴湿的地牢里，受尽了折磨。蒙古人多次派汉奸留梦炎、王积翁等人劝他，只要他投降，便可以做大官，但他坚决拒绝，终于

在公元1283年被失去耐心的蒙古人杀害了。

悦读必考

1. 填空。

   "仁慈隐恻，造次弗离。"用我们比较熟悉的名言来说就是"勿以恶小而为之，_____"。

2. 抄写原文。注意"沛"字的写法。

   _____

3. 说一个你知道的坚持气节的故事。

   _____

   _____

第二十二课

性静情逸，心动神疲。

守真志满，逐物意移。

坚持雅操，好爵自縻[1]。

注释

❶好爵自縻：好的职位自会降临。《易经·中孚卦》："我有好爵，吾与尔縻之。"縻，牵系，拴住，系住。

译文

品性沉静淡泊，情绪就会安逸自在；内心浮躁好动，精神就会疲惫困倦。

保持纯洁的本性，就会感到满足；追求物欲享受，本性就会动摇。

坚持高尚的情操，好的职位自然会为你所有。

悦读故事

百里奚荐蹇叔

春秋名臣百里奚周游列国求官的时候，旅途穷困到了讨饭的地步。他在宋国乞食，认识了蹇叔，便与蹇叔结为兄弟，住在蹇叔家。

齐国公子无知杀害了齐襄公，自立为齐侯，并且张榜招贤。百里奚决定应募，与蹇叔商量。蹇叔制止了他，说："齐襄公还有儿子逃亡在外，公子无知得位不正，肯定没有好下场。"百里奚听从了蹇叔的意见，果然躲过了这次灾难。

后来，百里奚听说周天子的弟弟喜欢斗牛，于是就想到王城洛邑去投靠这位王子。蹇叔说："投靠主公一定要先看准人，否则容易进退两难。主公有难，门客离开是不忠，跟着一块倒霉是不智。我还是和你一块去看看吧！"蹇叔和百里奚一起到了洛邑，蹇叔对百里奚说："这位王子志大才疏，又喜欢听奉承话，任用的都是一些只会溜须拍马的人，不是明主。"

不过，来到了洛邑，离百里奚的家虞国不远，两人就到了百里奚家里。百里奚过去的朋友宫之奇在虞国担任大夫，向虞国国君举荐了百里奚，百里奚在外面流浪多年，急于改变自己的现状。蹇叔劝他说："《易经》上说'我有好爵，吾与尔縻之'。你有一身的才华和本领，何必急于一时，非要去跳虞国这个火坑呢？"

这次，百里奚没有听从蹇叔的话，结果不久虞国就因为借道给晋国攻打虢国，被返程的晋军灭亡了。百里奚也成了晋军的俘虏，作为陪嫁的奴隶被送到了秦国。

百里奚在去秦国的路上逃走了，逃到了楚国境内。

秦穆公听说了百里奚的贤明，怕他被楚国任用，于是以普通奴隶的价格——五张羊皮将百里奚赎回，任命为上大夫。

百里奚见到秦穆公的第一件事就是推荐自己的义兄蹇叔，并把他们的故事告诉了秦穆公。秦穆公立即也以上大夫的官职聘请蹇叔。

百里奚见到蹇叔之后说："当年义兄说的'好爵'今天终于来了。"

悦读必考

1. "好读书时不好读书，读好书时不好读书。"四个"好"
   字的读音和意思有什么不同？整句话的意思是什么？

   _____

   _____

2. 用"坚持"造句。

   坚持——_____

   _____

3. 你有没有坚持不懈地在做一件事情？是什么事情呢？

   _____

   _____

   _____

第二十三课

都邑^❶华夏，东西二京。

背邙^❷面洛，浮渭据泾^❸。

注释

❶邑：国都，京城。　❷邙：山名，北邙山，在河南省，历史上许多王公将相都选择埋葬在这里。　❸渭、泾：指泾水和渭水，泾清渭浊，常用"泾渭"喻人品的优劣清浊，事物的真伪是非。

古文今译

古代的都城华美壮观，有东都洛阳和西京长安。

东都洛阳北靠邙山，面临洛水；西京长安北横渭水，远据泾河。

悦读故事

秦国经营长安

西周末年，周幽王烽火戏诸侯，结果申侯联合犬戎进攻镐京，杀死了周幽王。只有犬丘（甘肃天水市西南礼县一带）附近的秦人来得及出兵救援周王室。

秦襄公率兵进入镐京，打退了来袭的犬戎，使王室不至于覆灭。后来，他又率兵护送周幽王的儿子周平王从破败的镐京东迁洛阳。

秦襄公勤劳王事，周平王必须进行赏赐，但周朝刚刚经过犬戎的洗劫，拿不出像样的赏赐，只好将周朝故地、已经被犬戎占领的歧山以西之地封赐给秦襄公。

　　秦国得到这块有名无实的封地之后，并没有怨天尤人，而是勤勤恳恳地与众多戎族作战，一点一滴地落实周王室赐予秦国的封地。

　　经过几代国君三百多年的努力，秦国逐渐展现出统一天下的潜力，镐京才重新成为中国的政治中心。在秦孝公的支持下，商鞅进行变法，其中一项重要内容就是迁都过去的镐京，并且更名为咸阳。

悦读必考

1. 原文有很多带"氵"旁的字，请再写出至少三个带"氵"旁的字。

　　_____

2. 查成语词典，解释成语。

　　泾渭分明：_____

　　_____

3. 看世界地图，说一说下面几个国家的首都分别是哪里，并写出来。

　　日本——（　　　　）　　　　美国——（　　　　）

　　英国——（　　　　）　　　　法国——（　　　　）

第二十四课

宫殿盘郁，楼观飞惊。

图写禽兽，画彩仙灵。

丙舍❶傍❷启，甲帐❸对楹。

注　释

❶丙舍：正房旁边的耳房。　❷傍：通"旁"，旁边。　❸甲帐：汉武帝时所造的帐幕。后用来比喻奢华的帐幕。

古文今译

宫殿盘旋曲折，重重叠叠；楼阁宫阙高耸，鸟飞过都感到惊叹。

宫殿里绘着各种飞禽走兽，描画出五彩的天仙神灵。

正殿两边的配殿从侧面开启，豪华的帐幕对着高高的楹柱。

悦读故事

甲 帐

汉武帝是中国历史上最有作为的几个皇帝之一，也是非常长寿的皇帝。但是，到了晚年，汉武帝醉心于寻求长生不老的方法而求仙问道，宠信方士。

有个方士对汉武帝说："仙人喜欢世上珍奇的东西，如果把这些东西聚集到一起就可以把仙人引来，到时候皇上就可以向仙人求道了。"

汉武帝听信了方士的话，下令建造了两个帐幕，一个用琉璃珠、夜光珠等珍宝作为装饰，用来吸引神仙，另一个稍微差一点儿的，自己住在里面，随时等待神仙下凡。

可是，一直等到老死，汉武帝也没有看到仙人。

后来，有人编纂了一本记载汉武帝从出生到死葬在茂陵的传闻佚事的故事书《汉武故事》，把这件事记载进去了，甲帐的故事从此也就流传了下来。

唐代诗人温庭筠在《苏

武庙》这首诗中写道："回日楼台非甲帐，去时冠剑是丁年。"

悦读必考

1. 部首"阝"有时候在字的左边，有时候在字的右边，写出
   至少三个"阝"在右边的字，如"郁"。

   _____

2. 补全下列成语。

   ___楼___宇　　　___禽___兽　　　舍___ ___远

3. 你参观过哪些人文景观？说一说你的见闻。

   _____

   _____

   _____

第二十五课

肆筵设席[1]，鼓瑟吹笙[2]。
升阶纳陛[3]，弁[4]转疑星。

注 释

❶肆筵设席：设宴。《诗·大雅·行苇》："戚戚兄弟，莫远具尔，或肆之筵，或授之几，肆筵设席，授几有缉御。" ❷笙：簧管乐器，《诗·小雅·鹿鸣》"我有嘉宾，鼓瑟吹笙。" ❸陛：帝王宫殿的台阶。 ❹弁：古时的一种官帽，通常配礼服用（吉礼之服用冕）。赤黑色布叫作爵弁，是文冠；白鹿皮做的叫皮弁，是武冠。后泛指帽子。

古文今译

宫殿中大摆宴席，乐手们鼓着瑟，吹奏笙管。

登上台阶进入殿堂的文武百官互相敬酒，帽子转动闪闪发光，如同星星闪烁。

悦读故事

鼓瑟击缶

有一次，秦王约赵王在渑池会见。赵王和大臣们商议说："去吧，怕有危险；不去吧，又显得太胆怯。"大臣蔺相如认为对秦王不能示弱，还是去的好，赵王才决定动身，让蔺相如随行。大将廉颇带着军队送他们到边界上，做好了抵御秦兵的准备。

　　赵王到了渑池，会见了秦王。秦王要赵王鼓瑟。赵王不好推辞，鼓了一段。秦王就叫人记录下来，在渑池会上，赵王为秦王鼓瑟。

　　蔺相如看秦王这样侮辱赵王，生气极了。他走到秦王面前说："请您为赵王击缶。"秦王拒绝了。蔺相如再次要求，秦王还是拒绝。蔺相如说："您现在离我只有五步远。您不答应，我就跟您拼了！"秦王被逼得没法，只好敲了一下缶。蔺相如也叫人记录下来，在渑池会上，秦王为赵王击缶。

　　其实，秦国虽然在战国时期屡次以军事实力威胁六国，但秦国人并没有因此而自傲，反而十分自卑于本国的文化落后——以音乐为例，秦国人只会"缶"这一种难登大雅之堂的乐器。到了战国中后期，秦国引入郑、卫的民乐以及少数古典宫廷韶乐，这种情况才有略微的改观。但是，在六国面前，秦国人还是以"击缶"为耻。

　　秦王没占到便宜，反而吃了大亏。他知道廉颇已经在边境做好了准备，不敢拿赵王怎么样，只好让赵王回去。

悦读必考

1. 把下面的动作和对象连接起来，组成词语。

鼓　　　　　　　琴

吹　　　　　　　瑟

击　　　　　　　笙

弹　　　　　　　缶

2.请写出一个与乐器有关的成语。

_____

3.说一说，你会使用哪种乐器？

_____

_____

第二十六课

右通广内❶，左达承明❷。

既集坟❸典❹，亦聚群英。

杜稿❺钟隶❻，漆书❼壁经❽。

注 释

❶广内：汉宫廷藏书之所；指帝王书库。　❷承明：古代天子左右路寝称承明，因承接明堂之后，故称。路寝是帝王正殿所在。意指古代天子、诸侯的正厅。　❸坟：《三坟》，记载三皇事迹的书。　❹典：《五典》，记载五帝事迹的书。　❺杜稿：杜度的草书手稿。　❻钟隶：钟繇的隶书真迹。　❼漆书：汲县魏安厘王墓中发掘出来的漆书。　❽壁经：汉代鲁恭王在曲阜孔庙墙壁里发现的古文经书。

古文今译

右面通向用以藏书的广内殿，左面到达朝臣休息的承明殿。这里收藏了很多的典籍名著，也聚集着成群的文武英才。

书殿中有杜度的草书、钟繇的隶书真迹，还有漆写的古籍和孔子旧宅壁中发现的经典。

悦读故事

壁经出世

秦始皇焚书坑儒，使各种书籍都遭到了毁灭性的破坏。汉文帝时，开始在全国寻找书籍，一个叫伏生的老儒生口授了《尚书》

二十八篇，使《尚书》得以流传。到了汉武帝时，鲁恭王想霸占孔子的故居改作花园，在拆房时，忽然从墙壁的夹壁中发现了一批竹简，同时空中传来一阵庄严的钟磬之声，鲁恭王吓坏了，忙下令停止拆房。在墙壁中发现的这批竹简包括《尚书》《孝经》等古典书籍，因为是在墙壁中发现的，所以这些书被称为"壁经"。这些典籍的发现，对校正一些典籍的真伪起到了重要作用。

悦读必考

1. 组词。

    通（　　　）　　集（　　　）

    达（　　　）　　聚（　　　）

2. 说一说，你知道的有关孔子的故事。

第二十七课

府❶罗❷将相，路侠❸槐卿❹。
户封八县，家给❺千兵。

注 释

①府：官署。汉至南北朝多指高级官员及诸王治事之所。　**②罗**：散布，罗列。　**③侠**：同"夹"。　**④槐卿**：本指三公九卿，后泛指朝廷中的文武百官。周代宫廷外种有三棵槐树，三公朝见天子时，面向三槐而立。《周礼·秋官·朝士》："面三槐，三公位焉。"后以三槐喻三公。　**⑤给**：供应。

古文今译

　　宫廷内的将相依次排成两列，宫廷外大夫公卿夹道站立。他们每户有八县之广的封地，供养着上千名卫兵。

悦读故事

［司马炎封赏泛滥误国三百年］

　　三国末期，蜀国和吴国都已经呈现出筋疲力尽的状态，无力维持割据的局面；而在魏国，真正统治国家的不是曹操的后代，而是窃国大盗司马懿家族的势力。

　　司马懿家族是依靠抵抗诸葛亮、姜维的北伐而逐渐掌握军权，进而夺取政权的。也就是说，司马懿家族建立的西晋并不是一个正常的王朝，它是以军阀的思维在统治国家。

　　司马炎篡夺皇帝之位，建立西晋之后，采取了分封的方式来巩固自己的统治，将家族子弟全都封为王公，西晋对于功臣的封赏也是历朝历代中最丰厚的。

灭吴功臣羊祜得到了五个县的封地，灭蜀功臣卫瓘有朝廷赐给的护卫上千人。这些都是历代大臣所受封赏中最高的。

司马炎死后，他的儿子晋惠帝即位，很快就吃到了司马炎亲手给他种下的苦果——在司马氏王公造成的"八王之乱"中被杀。而司马炎滥封大臣所留下的不良影响，甚至一直持续到了南北朝时期，远远超越了两晋的历史范围。

悦读必考

1. 给多音字"给"注音。

（　　　）　（　　　）

我是来给你们送给养的。

2. "户封八县，家给千兵。"是一种夸张的说法，请仿写一个夸张句。

_____

3. 说一个你知道的古代名臣大将的故事。

_____

_____

_____

第二十八课

高冠陪辇[1]，驱毂[2]振缨[3]。

世禄侈富，车驾肥轻[4]。

策功茂实[5]，勒[6]碑刻铭。

注 释

[1]辇：古时用人拉或推的车。 [2]毂：车轮中心的圆木，周围与车辐的一端相接，中有圆孔，可以插轴，借指车轮或车。 [3]振缨：弹冠，指出仕。《晋书·周馥传》："馥振缨中朝，素有俊彦之称。" [4]肥轻："肥马轻裘"的省略。指服御华贵，生活豪华。出处《论语·雍也》："赤之适齐也，乘肥马，衣轻裘。" [5]茂实：盛美的德业。 [6]勒：割，划。

古文今译

他们戴着高高的官帽，陪着皇帝出游，驾着车马，帽带飘舞着，好不威风。

他们的子孙世代领受俸禄，过着奢侈的生活，出门时肥马轻裘。

他们为了朝廷的建立，立下了不朽的功勋，其功劳和名字被刻在碑石上流传后世。

[一碑二文的《平淮西碑》]

安史之乱后，唐朝进入了"藩镇割据"的时代，军阀割据一方，不听朝廷的命令。在众多藩镇中，最过分的就是淮西（今河南省东南部）藩镇，在长达五十年的时间里，调换了四任节度使，没有一个是朝廷任命的，事实上已经形成了国中之国。

唐宪宗命令裴度统率军队讨伐淮西叛军。因为大将韩公武、李光颜和乌重胤等人从北面猛攻淮西，淮西叛军不得不把主力都调往前线，以致西面门户洞开，而且内部空虚。主攻西面的大将李愬雪夜入蔡州，以三千兵力，在蔡州活捉叛军主将吴元济。这一战，不仅解决了淮西叛军，对于其他藩镇也是很大的威慑，从而安定了唐朝的政治局势。

为了表彰裴度、李愬等平叛将帅的功绩，唐宪宗命令大文学家、吏部侍郎韩愈撰文立碑，以志纪念。这本是一段文坛佳话，但是却引发了一场惊动朝野的政治斗争。

裴度统领大军平淮西时，韩愈和李愬一样都在军中任职。对于平淮西之战，韩愈都是亲眼所见。但是，令人意想不到的是，韩愈所作的《平淮西碑》立好后不久，便被李愬的部将石忠孝推倒了，石忠孝亲自挥锤将其砸断。无法无天的石忠孝还将前来拘捕他的差役打死一人，打伤数人。李愬的妻子是唐宪宗的姑姑唐安公主的女儿，她更是直入皇宫，面见唐宪宗，要求重点宣扬李愬的功劳。最终，唐宪宗下令磨去韩愈的碑文，而让段文昌重新撰写立碑。

"平淮西"这一残唐历史上唯一的闪光点也因此失色，成了重大的历史丑闻。北宋文学家苏东坡曾写了一首诗《平淮西碑》来评述这一历史事件：

淮西功业冠吾唐，吏部文章日月光。

千古残碑人脍炙，不知世有段文昌。

悦读必考

1. 给下列汉字组词。

禄（　　）　　侈（　　）　　策（　　）

茂（　　）　　勒（　　）　　铭（　　）

2. 修改下列词语中的错别字。

高冠厚禄　　肥轻非故

_____

_____

3. 说一个你知道的古人建功立业的故事。

_____

_____

第二十九课

磻溪①伊尹②，佐时阿衡③。
奄宅④曲阜，微⑤旦⑥孰⑦营。

注 释

①磻溪：指姜太公吕尚。吕尚在磻溪钓鱼，遇文王，拜为太师，辅佐周武王灭商。　②伊尹：原为有莘氏女的陪嫁奴隶，商汤用为小官职，后来担以国政，辅佐商汤灭夏桀。　③阿衡：商朝官名，相当于宰相。商汤授伊尹此官，总理国家大政，后以"阿衡"指代辅佐帝王，主持国政。　④奄宅：抚定，统治。晋·陆机《答贾谧》诗："赫矣隆晋，奄宅率土。"　⑤微：没有。　⑥旦：周公姬旦。　⑦孰：谁。

古文今译

姜太公和伊尹，都是辅佐当时帝王的宰相。
曲阜一带，要不是周公姬旦还有谁能治理？

[姜太公磻溪钓鱼]

商纣王倒行逆施，周文王决心治理好自己的国家，等待时机，推翻商朝。他手下虽然拥有不少文臣武将，但是还缺少一个能够统筹全局的相才，帮他筹划灭商大计。

有一次，周文王外出打猎，在渭水的支流磻溪边上遇到了一位奇怪的钓鱼老人。

老人的头发、胡子全白了，估计有七八十岁了。奇怪的是，他钓鱼的时候，嘴里还在不断地嘟囔："快上钩呀快上钩！愿意上钩的快来上钩！"再一看，钓鱼的鱼钩离水面还有三尺远的距离，并且鱼钩不是弯的，而是直的，上面也没有鱼饵……

周文王看了很纳闷儿，就过去跟老人说："老人家，你这样是钓不到鱼的。"

老人说："我钓的不是鱼，而是负有王之命的人。"

周文王向老人请教姓名和天下大事。

原来，老人姓姜名尚字子牙，来自东海之滨。祖先曾做过"四岳"这样的大官，舜、禹时被封在吕地，辅佐过夏禹治水。自己曾在商朝的都城朝歌宰牛卖肉，在黄河边上的孟津卖酒。

在与姜尚的交谈中，周文王发现姜尚是一个目光长远、博学多才、文武双全的人，上知天文，下知地理，特别是对于当时的政治时事，分析得有条有理。这不就是自己要寻访的相才吗？

周文王诚恳地对姜尚说："我们盼望先生久矣！请您到我们那里去，帮助我们治理国家吧！"说完，就叫手下人赶过车子来，请姜尚和自己乘坐同一辆车，回到了都城。

姜尚在周国，管理全国政治和军事，大家尊称姜尚为"太公望"。后来，干脆把"太公望"的"望"也省略掉，称姜尚为姜太公。

悦读必考

1.将下面的名臣和对应的君主连线。

姜太公	刘　邦
伊　尹	商　汤
诸葛亮	周文王
萧　何	刘　备

2. 将下面的反问句改为陈述句。

曲阜一带，要不是周公姬旦还有谁能治理？

_____

_____

3. 你还知道姜太公的其他故事吗？请说一说。

_____

_____

_____

第三十课

桓公匡❶合，济弱扶倾。

绮❷回汉惠，说❸感武丁。

俊乂❹密勿❺，多士寔❻宁。

注 释

❶匡：正，纠正，端正。　❷绮：绮里季，"商山四皓（hào）"之一。汉惠帝做太子时，汉高祖想废掉他另立太子。吕后用张良的计策，厚礼迎来"商山四皓"，使他们与太子相处。汉高祖看到惠帝羽翼已丰，就打消了另立太子的念头。四皓，指四位白发皓须的老者。　❸说：傅（fù）说（yuè）。傅说原是傅岩这个地方搞版筑的奴隶，殷高宗武丁梦见了他，便画像访求，找到以后，任用为宰相。　❹乂：古时称有才德的人。"千人之英曰俊，百人之英曰乂。"　❺密勿：勤劳努力。"　❻寔：同"实"。确实，才。

古文今译

齐桓公九合诸侯，一匡天下，援助势单力薄和面临危亡的周朝。

汉惠帝做太子时倚靠绮里季才幸免被废黜；商君武丁感梦而得贤相傅说。

能人治政勤勉努力，全靠许多这样的贤士，国家才富强安宁。

悦读故事

齐桓公匡合天下

公元前651年，周惠王去世。齐桓公会同各诸侯国拥立太子郑为天子，这就是周襄王。周襄王即位后，命令宰孔赐给齐桓公文武胙、彤弓矢、大路，以表彰其功。

齐桓公召集各路诸侯大会于葵丘，举行受赐典礼。受赐典礼上，宰孔请出周襄王旨意，因齐桓公年老德高，可不必下拜受赐。

齐桓公想听从王命，管仲从旁进言道："周王虽然谦让，臣子却不可不敬。"

齐桓公于是答道："天威不违颜咫尺，小白敢贪王命而废臣职吗？"说罢，只见齐桓公快步下阶，再拜稽首，然后登堂受肉。

众诸侯见此，皆叹服齐君之有礼。齐桓公又重申盟好，订立了新盟。这就是历史上有名的"葵丘之盟"。这是齐桓公霸业的顶峰。

至此，经过近三十年的苦心经营，齐桓公在管仲的辅佐下，先后主持了三次武装会盟，六次和平会盟，辅助周王室，"尊王攘夷"，史称"九合诸侯，一匡天下"，齐桓公成为公认的霸主。

悦读必考

1. "乂"加一点就是"义"字，给下面的字加一笔，让它成为一个新字。

   丁——（　　　）　　　　　　　勿——（　　　）

2. 查成语词典，解释成语。

   扶危济困：_____

3. 查资料，说一说你都查到了哪些关于齐桓公的知识？

   _____

   _____

第三十一课

晋楚更❶霸，赵魏困横❷。
假途灭虢❸，践土会盟❹。

注 释

❶更：交替。　❷横：连横。战国时，苏秦游说六国联合拒秦，史称"合纵"。张仪主张讲和拆散合纵，使六国一个个服从秦国，称为"连横"。由于连横，秦国采取远交近攻之策，首先打击赵、魏，所以说"赵魏困横"。　❸假途灭虢：出自《左传·僖公五年》虞侯因不听宫之奇的劝谏，遂使晋国在灭掉虢国之后也被晋国灭亡。　❹践土会盟：城濮（pú）之战后，晋文公大会诸侯于践土，确立霸主地位。

古文今译

晋、楚两国在齐之后称霸，赵、魏两国因连横而受困于秦。

晋献公向虞国借路去消灭虢国，归途中又消灭了虞国；晋文公在践土这个地方与诸侯签订盟约，成为霸主。

假途灭虢

春秋时期，晋献公想要攻打虢国，但需要从虞国经过。

晋献公问大臣们："怎样才能顺利地通过虞国呢？"

大臣荀息建议："君上有一匹宝马、一块璧玉都是虞国国君很想得到的东西，不如就用这两样东西贿赂虞国国君，这样就能借道了。"

晋献公有些舍不得这两样宝物，生怕这两样宝物肉包子打狗——一去不回。

荀息劝解晋献公说："我们灭了虢国，虞国还能独存吗？您的美玉、宝马只不过是暂时存放在虞国国君那里罢了。"

晋献公这才放心，采纳了荀息的计策。

虞国国君收到了晋献公的贿赂，将借道之事满口答应下来。

虞国大夫宫之奇力劝虞国国君："虞国和虢国的关系，就像一个人的嘴唇和牙齿，嘴唇没了牙齿就会受凉。虢国是虞国的屏障，晋国灭了虢国之后，肯定也会对虞国用兵。"

但是，虞国国君没有听从宫之奇的劝谏，他答应了晋国的请求。宫之奇十分悲伤，带着他的家人离开了虞国。

就在这年冬天，晋国灭掉了虢国。晋军返回时，住在了虞国，并趁其不备灭掉了虞国，活捉了虞国国君。美玉、宝马又回到了晋献公的手中，美玉没有变化，但是宝马又老了一岁。晋献公感叹地说："真是马齿徒增啊！"

QIAN ZI WEN

悦读必考

1. 给多音字"更"注音。

（　　　）　　　　　　　　（　　　）

经过硬件更新，电脑的运行速度更快了。

2. 查词典，解释成语。

合纵连横：_____

_____

3. 你知道"春秋五霸"是哪几个人吗？

_____

_____

第三十二课

何❶遵约法，韩❷弊❸烦刑。
起❹翦❺颇❻牧❼，用军最精。
宣威沙漠，驰誉丹青。

注 释

❶何： 萧何，汉高祖丞相。《史记·萧相国世家》说他"以文无害"，"奉法顺流"。《汉书·刑法志》说他修改秦法，"取其宜于时者，作律九章"。这里大意是说萧何轻刑简法。 **❷韩：** 韩非。《史记·老庄申韩列传》说李斯、姚贾毁谤韩非，劝秦始皇"以过法诛之"。过法、烦刑，都指苛刻的刑法。 **❸弊：** "作法自弊"的简化。意思是自己立法反而使自己受害。 **❹起：** 战国时秦国大将白起。 **❺翦：** 秦朝大将王翦。 **❻颇：** 战国时赵国大将廉颇。 **❼牧：** 战国时赵国大将李牧。

古文今译

萧何遵循汉高祖刘邦与百姓的约法三章，韩非子惨死于自己提倡的严酷刑法之下。

秦国大将白起、王翦，赵国大将廉颇、李牧，带兵打仗最为高明。

他们的声威远传到沙漠边地，美誉和画像一起流芳后代。

悦读故事

〔约法三章〕

刘邦是沛县人，做过泗水亭长。陈胜、吴广起义的时候，刘邦起兵响应。后来，刘邦又带着人马到薛城投奔了项梁，和项羽并肩作战。

项梁牺牲以后，楚怀王命令项羽北上救援赵歇，命令刘邦西进攻打咸阳。楚怀王还和诸将约定：谁先打进咸阳、平定关中，就封谁在关中做王。

秦二世三年（前207）八月，刘邦进驻武关。十月，刘邦打到咸阳附近的灞上。秦王子婴看到大势已去，亲自到灞上向刘邦投降。

见到秦王子婴来投降，将领们有的说应该杀掉秦王，可刘邦说："当初楚怀王派我攻打关中，就是认为我能宽厚容人，再说人家已经投降了，这么做不吉利。"于是，刘邦派人把子婴看管起来，自己带着兵马进了咸阳。

刘邦召集各县有威望的父老豪杰到灞上，告诉大家说："秦朝的法律太残暴了，父老乡亲们深受其害，为了让大家以后免遭其刑，所以现在我和大家约法三章：第一，杀人的要偿命；第二，打伤人的要判罪；第三，偷盗的要判罪。除了这三条，其余秦朝的法律一概废除。"

老百姓都很高兴，他们争先恐后地拿着牛羊肉、酒和粮食来慰劳士兵。刘邦再三辞谢。老百姓看到刘邦

这样爱护他们，自然更加高兴。他们都希望刘邦能够永远在关中做王，代替秦朝的统治。

悦读必考

1. 指出下面各字的偏旁。

如：起——走

翦——（　　　）　　颇——（　　　）　　牧——（　　　）

2. 将下面的句子用关联词"不仅……而且……"连接起来。

他们的声威远传到沙漠边地，美誉和画像一起流芳后代。

_____

_____

_____

3. 查资料，看看关于萧何的成语除了"约法三章"之外，还有哪些？

_____

_____

_____

第三十三课

九州禹迹❶，百郡秦并。

岳宗泰岱❷，禅❸主云亭❹。

注 释

❶迹：足迹。　❷岱：泰山的别称。也叫"岱宗""岱岳"。　❸禅：帝王的祭地之礼。　❹云亭：云云山和亭亭山的合称。古代帝王封禅处。《史记·封禅书》："管仲曰：'古者封泰山禅梁父者七十二家，而夷吾所记者十有二焉。昔无怀氏封泰山，禅云云；伏羲封泰山，禅云云；神农封泰山，禅云云；炎帝封泰山，禅云云；黄帝封泰山，禅亭亭。'"

古文今译

九州处处都留有大禹治水的足迹，全国各郡都在秦国合并六国后统一天下。

五岳中，人们最尊崇东岳泰山，历代帝王都在云云山和亭亭山举行封禅大典。

大禹治水

在上古尧帝时期，黄河流域洪水泛滥，淹没了房屋，冲毁了农田，人们流离失所。尧帝召集部落首领，征召治水能手来平息水患。鲧被推荐来负责这项工程，他率领众人筑坝修堰，企图挡住滔滔的洪水，结果花了九年时间，不仅没有治理好水患，情况反而更严重了。

舜帝继位后，下决心治理黄河水患。他任命鲧的儿子大禹继续治理洪水。大禹接受治水任务后，认真总结了以前治水的教训。大禹认识到，前辈们治水无功主要是因为没有根据水流的具体情况因势利导，只采用筑堤截堵的方法，一旦洪水冲垮堤坝，便前功尽弃。禹带人到洪灾严重的地区进行了勘查，了解了各地的山川地貌，摸清了洪水的流向和走势，并在重要的地方堆积一些石头或砍伐树木作为记号，便于治水时作为参考。

这次考察是很辛苦的。据说，有一次，他们走到山东的一条河边，突然狂风大作，乌云翻滚，电闪雷鸣，大雨倾盆，山洪暴发了，一下子卷走了不少人。有些人在咆哮的洪水中被淹没了，有些人在翻滚的水流中失踪了。后来，有人就把这条河叫徒骇河（在今山东禹城和聊城一带）。

考察完毕，大禹对各种水情做了认真的研究，最后决定用疏导的办法来治理水患。

大禹亲自率领徒众和百姓，带着简陋的石斧、石刀、石铲、木耒等工具，开始治水。他们一心扑在治水上，露宿风餐，粗衣淡饭，风里来雨里去，扎扎实实地劳动着。

经过几年的努力，大禹终于成功地治理好了洪水，因治水有功，被大家推举为舜帝的助手。又过了十七年，舜帝死后，舜帝便把帝位传给了大禹，大禹登上了天子之位。

悦读必考

1. "禅"有两个读音，分别是（　　　）和（　　　），原文中的"禅让"中的"禅"应该读作（　　　）。

2. 填空。

   五岳是指东岳泰山、西岳_____、中岳_____、北岳恒山、南岳衡山。

3. 查找资料，看一看"九州"分别是哪九州？

   _____

   _____

   _____

第三十四课

雁门紫塞❶，鸡田❷赤城❸。
昆池❹碣石❺，巨野❻洞庭。
旷远绵邈❼，岩岫❽杳❾冥❿。

注 释

❶紫塞：北方边塞，这里指长城。　❷鸡田：西北塞外地名，那里有中国最著名的也是最偏僻的古驿站。　❸赤城：山名，在浙江省天台县北，为天台山南门。《文选·孙绰·游天台山赋》："赤城霞举而建标。"　❹昆池：昆明池。汉武帝元狩三年于长安西南郊所凿，以习水战。后泛指帝京附近的湖沼。　❺碣石：河北省秦皇岛市昌黎县山峰。　❻巨野：古湖泽名。在今山东省巨野县北五里。　❼绵邈：连绵遥远的样子。　❽岫：山洞。　❾杳：幽暗深远。　❿冥：昏暗。

古文今译

名关有北疆雁门，要塞有万里长城，驿站有边地鸡田，奇山有天台赤城。

赏池赴昆明池，观海临河北碣石，看泽去山东巨野，望湖上湖南洞庭。

中国的土地多么辽阔，名山奇谷幽深秀丽，气象万千。

悦读故事

[孟姜女哭长城]

秦朝时，有位善良美丽的女子，名叫孟姜女。一天，她正在自家的院子里做家务，突然发现葡萄架下藏了一个人，吓了她一大跳，正要叫喊，只见那个人连连摆手，恳求道："别喊别喊，救救我吧！我叫范喜良，是来逃难的。"原来，秦始皇为了建造长城，正到处抓人做劳工，已经饿死、累死了无数人。孟姜女把范喜良救了下来，不久两人心心相印，互生爱慕之情，在征得了父母的同意后，孟姜女和范喜良准备结为夫妻。

成亲那天，孟家张灯结彩，宾客满堂，一派喜气洋洋的情景。入夜，新郎新娘正要入洞房，忽然听见外面鸡飞狗叫，随后闯进来一队恶狠狠的官兵，不容分说就把范喜良抓到长城去做工了。孟姜女悲愤交加，日夜思念着丈夫，于

是收拾了行装，到长城去找范喜良。

一路上，不知经历了多少风霜雨雪，跋涉过多少险山恶水，孟姜女凭着顽强的毅力和对丈夫深深的爱，终于到达了长城。孟姜女一个工地一个工地地找过来，却始终不见丈夫的踪影。最后，她鼓起勇气，向一队正要上工的民工询问，谁知民工告诉她，范喜良已经死了，尸骨被填进了城墙脚。

听到这个噩耗，孟姜女好像遭到晴天霹雳一样，一下子昏倒在地。醒来后，孟姜女整整哭了三天三夜，一直哭到天地感动，日月无光。忽听得天摇地动般的一声巨响，长城崩塌了几十里，露出了数不清的尸骨。孟姜女咬破手指，把血滴在一具具尸骨上，她心中暗暗祷告：如果是丈夫的尸骨，血就会渗进骨头，如果不是，血就会流向四方。终于，孟姜女用这种方法找到了范喜梁的尸骨，她抱着这堆白骨，伤心欲绝。

悦读必考

1. 多音字组词。

塞：sāi（　　）　　sài（　　）　　sè（　　）

2. 填空。

洞庭湖在我国的＿＿＿省境内，是中国五大淡水湖之一。

雁门关在我国的＿＿＿＿省境内，赵国大将李牧曾在这里大败匈奴。

3. "雁门"是以动物名字命名的地名，你还知道哪些用动
   物名字命名的地方呢？

_____

_____

第三十五课

治本于农，务兹稼穑❶。
俶载南亩❷，我艺黍稷❸。
税❹熟贡新，劝赏黜❺陟❻。

注　释

❶稼穑：种植和收割。泛指农业劳动。出自《诗经·魏风·伐檀》："不稼不穑，胡取禾三百廛兮？"　❷俶载南亩：出自《诗·小雅·大田》："俶载南亩，播厥百谷。"俶，开始。载，开始。南亩，指农田，南坡向阳，利于农作物生长，古人田土多向南开辟。　❸黍稷：引自《诗·小雅·楚茨》："楚楚者茨，言抽其棘。自昔何为？我艺黍稷。"黍，植物名，亦称"稷""糜子"。稷，植物名，我国古老的食用作物，即粟，一说为不黏的黍，又说为高粱。　❹税：田赋，征收的农产品。《汉书·刑法志》："有税有赋，税以足食，赋以足兵。"　❺黜：贬职，

罢免。　❻陟：晋升、奖励。

古文今译

治国的根本在于发展农业，要努力做好播种收割这些农活。

一年的农活开始了，农民们种上了小米和高粱。

到了丰收的季节，农户用刚熟的谷子缴纳税粮；官府应按他们的贡献大小给予奖惩。

悦读故事

〔陶侃重农〕

陶侃是东晋末期著名文学家陶渊明的曾祖父。陶侃小时候家境贫寒，父亲身患疾病，全家靠母亲一人纺线织布维持生活，所以他在担任地方官员时十分重视人民的生产生活，特别是农业生产。

有一次外出，陶侃看见一个人拿着一把没有成熟的稻穗，就问他拿稻穗做什么。

谁知那人说，这稻穗是自己在路边看到，随手采来的。

陶侃很生气，训斥道："粮食是人民生存的根本。你这样糟蹋别人的庄稼，实在太不应该了！"

后来，陶渊明也继承了陶侃务实重农的思想，他写了《劝农》诗六首，勉励人们依据季节，及时耕作。

悦读必考

1. 写出下列词语的反义词。

重——（　　）　　熟——（　　）

2. 古人"治本于农"，下面不属于农业生产的是（　　　）

A.务稼穑　　　B.载南亩　　C.艺黍稷　　D.税熟贡新

3. 说一说，你认识哪些农作物，它们都有哪些特点。

_____

_____

第三十六课

孟轲❶敦❷素，史鱼秉❸直。

庶几❹中庸，劳谦谨敕❺。

注　释

❶孟轲：即孟子。　❷敦：厚，厚道；诚恳。　❸秉：保持；坚持。　❹庶几：差不多；近似。　❺敕：告诫。

译 文

孟轲崇尚朴素，史鱼秉性刚直。

做人要尽可能合乎中庸的标准，勤奋、谦虚、谨慎，懂得规劝告诫自己。

悦读故事

[史鱼尸谏]

春秋时期，卫国有位贤人蘧伯玉，为人正直且德才兼备，但卫灵公却不肯重用他；另一位叫弥子瑕的，作风不正派，卫灵公反

而委以重任。史鱼是卫国的一位大臣，看到卫灵公不肯重用蘧伯玉，却宠信弥子瑕，十分不满，屡次进谏，但卫灵公始终不采纳。

后来，史鱼重病将死，吩咐儿子："我在卫国做官，眼看着蘧伯玉这样的贤人不得重用，弥子瑕这样的小人占据高位，我却无能为力。我死后，你将我的尸体停放在窗下，而不要在正室治丧，以此来劝诫国君。"

史鱼的儿子听了，不敢不从父命，于是在史鱼去世后，便将尸体停放在窗下。

卫灵公前来吊丧时，看到史鱼的尸体竟然被放置在窗下，因此责问史鱼的儿子。

史鱼的儿子就将史鱼生前的遗言告诉了卫灵公。

卫灵公听后很惊愕，脸色都变了，说道："这是我的过失啊！"于是马上让史鱼的儿子将史鱼的尸体按礼仪安放妥当，回去后，便重用了蘧伯玉，接着又辞退了弥子瑕并疏远了他。

悦读必考

1. 组词。

素（   ） 庸（   ） 谦（   ） 谨（   ）

2. 造句。

谦虚——_____

3. 查资料，找出至少三条关于谦虚的名言。

_____

第三十七课

聆音察理，鉴貌辨色。

贻①厥②嘉猷③，勉其祗④植⑤。

省躬讥诫，宠增抗极。

注释

①贻：遗留。 ②厥：他的。 ③猷：计划、谋划。 ④祗：恭敬。 ⑤植：树立，引申为立身处世。

古文今译

听别人说话，要仔细审查是否合理；看人的容貌，要看出他的心情。

要给人家留下正确高明的忠告或建议，勉励别人谨慎小心地处世立身。

听到别人的讥讽告诫，要反省自身；备受恩宠不要得意忘形，对抗权尊。

悦读故事

子产听音断案

子产是春秋时期法家的代表人物，他贤明爱民，就连视法家为仇敌的儒家也不得不称赞他。

有一天子产坐着马车去上朝，路过一户人家的门口，听到这一家死了儿子，正在办丧事。子产突然命令车夫停下车，派出官吏将这家人逮捕起来。

看到子产的行为，百姓们议论纷纷。

子产的车夫也很奇怪，问子产："相国为什么逮捕这家人呢？"

子产说："我听到他们家哭丧的声音中带着恐惧的情绪。按照道理来说，家人死了，亲属应该是悲哀的，而不应该恐惧。如果有恐惧的情绪，那么一定是做了什么犯法的事情。"

官吏将事情调查清楚之后，果然就像子产说的那样。这家人白天和普通人没有两样，夜里就在附近入室盗窃，但是前几天屋主发现他们的一个儿子被当场打死了，家里人好不容易夺回尸体，正在担心会不会被官府发现。

悦读必考

1. 写出原文中带有"讠"字旁的字。

_____

2.查成语词典，解释成语。

察言观色：＿＿＿＿＿＿＿＿＿＿＿＿＿＿＿＿＿＿＿＿＿

反躬自省：＿＿＿＿＿＿＿＿＿＿＿＿＿＿＿＿＿＿＿＿＿

3.想一想，自己曾有过什么不对的言行，应该如何改正？

＿＿＿＿＿＿＿＿＿＿＿＿＿＿＿＿＿＿＿＿＿＿＿＿＿＿＿

＿＿＿＿＿＿＿＿＿＿＿＿＿＿＿＿＿＿＿＿＿＿＿＿＿＿＿

＿＿＿＿＿＿＿＿＿＿＿＿＿＿＿＿＿＿＿＿＿＿＿＿＿＿＿

第三十八课

殆[1]辱近耻，林皋幸即[2]。

两疏[3]见机，解组[4]谁逼。

注 释

[1]殆：危险。　[2]林皋幸即：《庄子·知北游》："山林与，皋壤与，使我欣欣然而乐与！"皋，水边的高地。即，立刻。　[3]两疏：西汉名臣疏广、疏受叔侄。　[4]解组：解下印绶，辞去官职。

古文今译

知道有危险耻辱的事快要发生，幸好还可以及时归隐山林。

汉朝的疏广、疏受两叔侄预见到危患的苗头就辞去高官告老还乡，哪里会有谁逼迫他们这样做。

悦读故事

疏广和疏受

西汉名臣疏广是东海兰陵（今山东省临沂市兰陵县）人，研究《论语》《春秋》很有心得，在家乡创办私学，注重学生的道德培养，汉宣帝因此加封他为太子太傅。疏广的侄子疏受也因为品行高尚，被封为太子少傅。叔侄二人认真教学，卓有成效。

太子继位成为汉元帝后，疏广对疏受说："俗话说知足常乐。功成名就的时候，就该审时度势，急流勇退。如今是我们叔侄告老还乡的时候了。"

疏受听了，十分赞成疏广的意见。

于是，两人一起上奏，表示两人年老多病，希望能够辞官回家，颐养天年。

汉元帝看到疏广、疏受确实年事已高，便恩准了两人的请求。

回到家乡后，疏广、疏受不顾年老体衰，用积攒的俸禄和赏赐开设私学，免费培养家乡学子。

有位好友规劝他们说："你们家里人口众多，为什么不拿这些钱去广置良田美宅，以免子孙穷困？"

疏广听后说："儿孙自有儿孙福，留给他们金银田产，不如教他们如何做人。我这正是身体力行啊！"

悦读必考

1. 补完下列成语。

　　＿＿耻＿＿辱　　见机＿＿＿＿＿＿　　逼＿＿＿＿＿＿山

2. 将下面的反问句改为陈述句。

汉朝的疏广、疏受两叔侄预见到危患的苗头就辞去高官告老还乡，哪里有谁逼他们这样做？

＿＿＿＿＿＿＿＿＿＿＿＿＿＿＿＿＿＿＿＿＿＿＿＿＿

3. 疏广、疏受是太子的老师，但是太子登基之后就立即辞官归隐。对这叔侄俩辞官归隐这件事，你是怎么看的呢？

＿＿＿＿＿＿＿＿＿＿＿＿＿＿＿＿＿＿＿＿＿＿＿＿＿

＿＿＿＿＿＿＿＿＿＿＿＿＿＿＿＿＿＿＿＿＿＿＿＿＿

＿＿＿＿＿＿＿＿＿＿＿＿＿＿＿＿＿＿＿＿＿＿＿＿＿

第三十九课

索居①闲处，沉默寂寥②。

求古寻论，散虑③逍遥。

欣奏④累遣，戚⑤谢⑥欢招。

注 释

①索居：孤独地散处一方。《礼记·檀弓上》："吾离群而索居，亦已久矣。" ②寂寥：形容寂静空旷，没有声音。 ③散虑：排遣忧愁。 ④奏：奉献，送上。 ⑤戚：忧愁。 ⑥谢：离开。

古文今译

离群独居，悠闲度日，整天不用多费唇舌，清静无为岂不是好事。

在闲暇的日子里，读读古书，思考一些理论问题，消愁解闷，乐得逍遥舒服。

喜悦来了，烦恼自然就排遣了；忧愁一旦离开，欢乐也就出现了。

自得其乐的苏格拉底

古希腊大哲学家苏格拉底还是个单身汉的时候，和几个朋友一起住在一间小屋里。尽管生活非常不便，但是他一天到晚总是很快活。

有人问他："那么多人挤在一起，连转个身都困难，有什么可乐的？"

苏格拉底说："朋友们在一块儿，随时都可以交流思想，这难道不是很快乐的事儿吗？"

过了一段时间，朋友们一个个相继成了家，先后搬了出去。屋里只剩下苏格拉底一个人，但他每天仍然乐呵呵的。

"我有很多书啊！一本书就是一个老师。和这么多老师在一起，时时刻刻都可以向它们请教，这怎能不令人高兴呢？"

几年后，苏格拉底也成了家，搬进一栋大楼里。这栋大楼有七层，他的家在最底层。大家都知道，底层的环境是最差的，上面总是往下面泼污水、丢死老鼠、扔破鞋子和其他杂七杂八的脏东西，但他还是一副自得其乐的样子。

"你不知道住一楼有多少妙处啊！仅举几例吧：进门就是家，不用爬很高的楼梯；搬东西方便，不必花很大的力气；朋友来访容易，用不着一层楼一层楼地去叩门询问……特别让我满意的是，可以在门前的空地上养一丛一丛的花儿，种一畦一畦的菜，这些乐趣啊，数之不尽啊！"

　　过了一年，苏格拉底把一层的房间给了一个家里有偏瘫老人的朋友。他搬到了楼房的最高层——第七层，可他每天仍是快快乐乐的。

　　"住七楼的好处可真不少呢！比如：每天上下几次，就是很好的锻炼机会，有利于身体健康；光线好，看书写文章不伤眼睛；没有人在顶上干扰，白天黑夜都非常安静。"

　　后来，那人遇到苏格拉底的学生柏拉图，问道："你的老师总是那么快快乐乐，可我却感到，他每次所处的环境并不那么好啊！"

柏拉图说："决定一个人心情的，不在于环境，而在于心境。"

悦读必考

1. 多音字组词。

散 ⎰ sàn（　　　　）
　　⎱ sǎn（　　　　）

累 ⎰ lěi（　　　　）
　　⎱ lèi（　　　　）

2. 解释词语。

　　欣然：＿＿＿＿＿＿＿＿＿＿＿＿＿＿＿＿＿＿＿＿

3. 说一说，你不高兴的时候，会怎么排遣自己的负面情绪？

＿＿＿＿＿＿＿＿＿＿＿＿＿＿＿＿＿＿＿＿＿＿＿＿＿＿＿

＿＿＿＿＿＿＿＿＿＿＿＿＿＿＿＿＿＿＿＿＿＿＿＿＿＿＿

第四十课

渠荷的历，园莽①抽条②。
枇杷晚翠③，梧桐蚤④凋。

注 释

①莽：草，密生的草。 ②抽条：也叫"抽梢"，是树木越冬期枝条发生干皱的一种现象。 ③晚翠：植物经冬而苍翠不变。《本草纲目》："枇杷秋荫，冬华，春实，夏熟，备四时之气，他物无以类之。" ④蚤：同"早"，指月初或早晨。

译 文

池里的荷花开得光润鲜艳，园中的青草抽条发芽。

枇杷树过了晚秋依然苍翠欲滴，梧桐树却是刚刚早秋就开始落叶了。

悦读故事

〔西施与荷花〕

春秋时期，天下四分五裂，各国经常互相征战。越王勾践被吴王夫差打败了，自己被俘虏到了吴国，给吴王夫差当了三年马夫，才通过行贿的方式回到了越国。

越王勾践回到越国后，不仅卧薪尝胆、励精图治，而且还找来了越国第一美女西施，送给吴王，想让吴王夫差沉湎于美色，从而灭了吴国。

西施不愧是越国第一美女，吴王夫差被她迷得神魂颠倒，开始荒废朝政。

二十年后，越王勾践趁吴国北上争霸、国内空虚的时机，派兵攻破了吴国的都城。吴王夫差不愿受辱，自杀而死。西施也落到了越王勾践的手中。

这时候的越王勾践全然不顾西施是自己送到吴王宫中的，反而嫌弃西施是导致吴国亡国的不祥之人，将西施绑上石头，沉到了太湖中。

第二年，太湖中出现了很多美丽的荷花。人们都传说，这是西施的魂魄变成的。

悦读必考

1. 给形近字注音。

（　　　）　（　　　）　（　　　）

　　周　　　凋　　　绸

2. 用"凋谢"造句。

凋谢——＿＿＿＿＿＿＿＿＿＿＿＿＿＿＿＿＿＿＿

3. 除了枇杷、梧桐之外，你还知道哪些植物的名称，试着
把它们写下来。

_____

_____

_____

第四十一课

陈根委❶翳❷，落叶飘摇❸。
游鹍❹独运，凌摩绛霄❺。

注　释

❶委：同"萎"，指枯萎的叶子。　❷翳：遮蔽，掩盖。　❸飘摇：飘荡。在风
雨中飘荡不定。比喻局势动荡不安，很不稳定。《诗经·豳风·鸱号》："予室翘
翘，风雨所飘摇。"　❹鹍："鲲"的讹误。　❺绛霄：指天空极高处。

古文今译

老树根盘旋曲折，落叶在秋风中四处飘荡。

寒秋之中，只有远游的鲲鹏独自高飞，直冲布满彩霞的苍穹。

悦读故事

[鲲 鹏]

传说中，北方的大海里有一条名字叫作鲲的鱼，有几千里那么大。鲲变化为鸟，它的名字就叫鲲鹏，能飞翔几千里那么远，但身上除了羽毛之外，还有鱼鳞。当它奋起而飞的时候，那展开的双翅就像天边的云。鲲鹏盘旋着飞上九万里的高空，然后往南方飞去。

地上的青蛙和蛾子看到了，就耻笑它说："快看！那里有一个傻瓜，居然飞得那么高。不怕撞到上面的东西吗？"它们不知道

鲲鹏的目的地不是另一片水塘，而是千里之外的南海。

这个故事最早是写在《齐谐》上的，后来庄子在《逍遥游》中又讲了一次，唐代诗人白居易也写了一首诗来概括这个故事："水中蝌蚪长成蛙，林下桑虫老作蛾。蛙跳蛾舞仰头笑，焉用鲲鹏鳞羽多。"

悦读必考

1. 形近字组词。

$$
\begin{cases} 陈（\qquad） \\ 阵（\qquad） \end{cases}
\qquad
\begin{cases} 霄（\qquad） \\ 宵（\qquad） \end{cases}
$$

2. 补全成语。

老树＿＿＿＿＿＿＿　　　　　＿＿＿＿＿＿＿独运

＿＿＿＿＿＿＿飘摇　　　南来＿＿＿＿＿＿＿

3. 你见过根雕吗？写一小段文字描述一件根雕作品的样子。如果没见过，可以上网查找根雕作品的图片。

＿＿＿＿＿＿＿＿＿＿＿＿＿＿＿＿＿＿＿＿＿＿＿＿＿＿＿＿

＿＿＿＿＿＿＿＿＿＿＿＿＿＿＿＿＿＿＿＿＿＿＿＿＿＿＿＿

＿＿＿＿＿＿＿＿＿＿＿＿＿＿＿＿＿＿＿＿＿＿＿＿＿＿＿＿

第四十二课

耽^❶读玩^❷市，寓^❸目囊^❹箱。
易輶^❺攸^❻畏，属耳垣^❼墙。

注　释

❶耽：指沉溺、迷恋。　❷玩：研习。　❸寓：寄托。　❹囊：口袋。　❺輶：轻佻，随随便便。　❻攸：所。　❼垣：矮墙，也泛指墙。

古文今译

在街市上沉迷留恋于读书，眼睛注视的都是书袋和书箱（如汉代的王充）。

发表议论最怕轻易随便，说话要留心隔着墙壁有人在贴耳偷听。

耽读玩市

东汉初年，会稽上虞有一位名叫王充的少年，酷爱读书。但是，他家里很穷，十岁左右父亲又去世了，根本买不起书，只能借书来读。

后来，王充因为成绩优异，被保送到京城洛阳的太学学习。王充在洛阳时，经常到集市上去看那些被贩卖的书。王充的记忆力很好，他看过的书都能背诵记忆。久而久之，他就了解了诸子百家的学说，而不仅仅限于儒学。

后来，王充回到家乡，担任一个小官吏。工作之余，他著书立说，自成一家。王充的传世著作是《论衡》八十余篇，反映了他的唯物主义思想。

悦读必考

1. 用成语填空。

"属耳垣墙"这一句的意思是说话要留心_____。

2. 用"专注"造句。

专注——_____

3. 请把你爱读的书名写下来吧!

_____

_____

_____

第四十三课

具膳餐饭,适口充肠。
饱饫①烹宰,饥厌②糟糠。

注 释

①饫:饱食。 ②厌:满足。

古文今译

安排膳食，要适合口味；能吃饱就可以，不必过分奢求。

吃饱的时候，再好的东西也不想吃了；饥饿的时候，有糟糠也就满足了。

悦读故事

珍珠翡翠白玉汤

相传明朝开国皇帝朱元璋，有一次打了败仗，落荒而逃，肚子饿了，就命令随从寻找食物。一个随从找到一些剩饭、白菜和豆腐，就加水煮了，端给朱元璋吃。不料，味道竟然十分鲜美，朱

元璋吃了非常高兴，问：“这是什么美食？”随从随口回答：“珍珠（剩饭）翡翠（白菜）白玉（豆腐）汤。”

转败为胜后，朱元璋下令随军厨师大量烹制“珍珠翡翠白玉汤”，犒赏三军。自此，这种“汤饭”（稀饭）的做法在百姓中广为流传。

悦读必考

1. 组词。

具（　　）　充（　　）　宰（　　）　饥（　　）

2. “厌”有两种意思：A.嫌恶，憎恶；B.满足。将下列成语中“厌”的正确意思写在成语后面。

不厌其烦（　　）　兵不厌诈（　　）　学而不厌（　　）

贪得无厌（　　）　喜新厌旧（　　）　悲观厌世（　　）

3. 你自己做过饭吗？请你试着把做饭的过程写下来吧！

_____

_____

_____

第四十四课

亲戚故旧❶，老少异粮。
妾御绩纺❷，侍巾❸帷房❹。

注 释

❶故旧："故人"和"旧人"的合称，表示旧相识、老熟人。 ❷绩纺：泛指纺纱、绩麻诸事，即纺绩。 ❸侍巾：服侍起居穿戴。巾，泛指衣冠。 ❹帷房：内房。

古文今译

亲戚朋友会面要盛情款待，老人、小孩要用不同的食物。作为妻子要管理好家务，尽心恭敬地服侍好丈夫。

悦读故事

〔陶母退鱼〕

陶侃自幼丧父，母亲靠纺纱织布养大他。他的母亲是一位贤惠而又深明大义的母亲，为了使儿子出人头地，她在这种家境下，仍然鼓励儿子读书学习，结交朋友，增广见闻。

　　一次，为了招待陶侃的一些朋友，手头缺钱的母亲竟然把头发剪了拿去卖钱置办食物，把自己铺床的稻草切碎当作马料，喂养朋友骑来的马匹。陶侃对此非常感动，决心好好学习，将来报答母亲。

　　陶侃长大后，在一位名士的推荐下，做了一个管理鱼塘的小官。他让人给母亲捎去一坛腌鱼，以便母亲在家里招待亲戚朋友。

　　没想到几天后，陶侃却收到了母亲退回的鱼和一封信。

　　陶侃很奇怪，连忙打开信，信上说："你才当了个小官，就拿公家的东西给我，我不仅没有因此高兴，反倒十分忧愁。要知道，当你起了贪婪之心，后果将不堪设想呀！如何款待亲戚朋友，并不是你应该考虑的事情。你应该把心思多放在公务上面。"

　　从那以后，陶侃谨记母亲的教诲，忠于职守，为官清廉，担任过很多重要职务，成为东晋时期的国家重臣之一。

悦读必考

1. 给下列汉字注音。

戚（　　） 舁（　　） 御（　　） 绩（　　） 帷（　　）

2. 用"款待"造句。

款待——＿＿＿＿＿＿＿＿＿＿＿＿＿＿＿＿＿＿＿

3. 陶母退鱼这种行为，你赞同吗？谈一下你的看法。

＿＿＿＿＿＿＿＿＿＿＿＿＿＿＿＿＿＿＿＿＿＿＿

第四十五课

纨①扇圆絜②，银烛③炜煌。
昼眠④夕寐⑤，蓝笋⑥象床⑦。

注 释

①纨：很细的丝织品。 ②絜：同"洁"，干净。 ③银烛：银白色的蜡烛。
④眠：闭目小憩。 ⑤寐：安卧熟睡。 ⑥蓝笋：青篾编成的竹席。靛蓝是古代用
于染青之草，从中可以提取出青颜色。笋是嫩竹子，用嫩竹篾编的席子既柔软又
凉爽，再用靛蓝染成青色，是很贵重的。 ⑦象床：象牙装饰的床。

古文今译

　　绢制的团扇像满月一样又白又圆，银白色的蜡烛上烛火辉
煌。

　　白日小憩，晚上就寝；有青篾编成的竹席和象牙雕屏的床
榻。

孟尝君谢绝象牙床

孟尝君游历天下，到了楚国。楚国国君赠给孟尝君一张象牙床，由一个以登徒为姓氏的人负责这件事，但他不想接受这项任务。

登徒氏对孟尝君的门客公孙戍说："我是楚国大夫登徒氏，本来是让我把象牙床送给孟尝君的。可是象牙床价值千金，哪怕弄坏了一点点，我倾家荡产也赔不起。你如果能让我免除这个任务，我便把祖传的宝剑送给你。"

于是，公孙戍就去拜见孟尝君，说："主公准备接受楚国国君馈赠的象牙床吗？"

孟尝君点头说是。公孙戍劝他不要接受。

孟尝君问他为什么。

公孙戍说："楚国送给您象牙床，是因为您能扶危济困、存亡续绝。但是，您一到楚国，就接受象牙床这样的重礼，这样好利的名声对您恐怕没有什么帮助。"

孟尝君愉快地采纳了公孙戍的建议，但是看到公孙戍离开时轻快的脚步，就把他又叫回来了："先生叫我不要接受象牙床这个礼物，这固然是一个很好的建议，但为什么先生比我还开心呢？"

公孙戍说："臣有三喜，另外还得到了一把宝剑。"

孟尝君不解："先生此话怎讲？"

公孙戍说："主公门下食客三千，却只有我敢于进谏，这是一喜；主公能够纳谏，这是二喜；我的进谏能帮助主公，这是三喜。为楚国送象牙床的登徒氏，他不愿意承担这个任务，答应事成之后，送我祖传宝剑。"

孟尝君说："不错。那你接受宝剑了吗？"

公孙戍说："主公的意思是……"

孟尝君说："你还是收下吧！"

因为这件事，孟尝君在门扇上发布公告："谁能传扬我的名声，并指正我的错误，即使受人请托，也可速速进谏！"

悦读必考

1. 形近字组词。

纨（　　　）　　　　蓝（　　　）

执（　　　）　　　　篮（　　　）

2. 仿照下面的句子写一个比喻句。

绢制的团扇像满月一样又白又圆。

_____

3. 为了保护大象，我们提倡抵制使用象牙制品，请拟定几条相关的标语，例如"没有买卖就没有杀害，请自觉抵制象牙制品"。

_____

千字文
QIAN ZI WEN

第四十六课

弦歌酒宴，接杯举觞[1]。

矫[2]手顿足，悦豫[3]且康。

注 释

[1]觞：酒杯。　[2]矫：拱起。　[3]豫：欢喜，快乐。

古文今译

宴会上有歌舞助兴，宾主们举起酒杯互相敬酒。

大家情不自禁地手舞足蹈，人人心里都高兴万分。

悦读故事

[淳于髡借酒进谏]

齐威王登上王位后，喜欢彻夜饮酒。有一次，他宴请齐国著名的滑稽之士淳于髡。

齐威王在酒席上问淳于髡："先生的酒量有多大啊？"

淳于髡回答说："我喝一斗酒也能醉，喝一石酒也能醉。"

齐威王很不解："先生明明喝一斗就醉了，怎么能喝一石呢？这是什么道理呢？"

淳于髡说："大王赏酒给我喝，旁边站着执法官员，背后站着记载大王起居的御史，我胆颤心惊，恭恭敬敬地喝酒。这样喝酒，我喝不了一斗就醉了。如果是家里有尊贵的客人来访，我卷起袖子，弯着腰，跟客人把酒应酬，这样我勉强可以喝下两斗酒。如果是我和朋友交往，双方好久不见，偶然相聚，讲述过去的事情，互相倾吐心中的事情，大概可以喝个五六斗。如果是乡邻之间的聚会，不问男女老幼，举止随意，也没有时间限制，还能玩投壶等助兴的游戏，大家无拘无束，我也可以开怀畅饮，这样喝上八九斗，我也不过才醉了三分。天黑了，酒也快喝完了，大家把剩余的酒倒在一块，主人不顾杯盘狼藉，送走客人，只留下我，两个人敞开已经沾染了不少酒液的衣襟，这个时候我心里最高兴，能喝下一石酒。但是，酒喝多了就容易出乱子，'乐极生悲'说的就是这个道理。"

淳于髡通过饮酒的例子，向齐威王指出了万事不能走极端的道理。

齐威王听了淳于髡的话心悦诚服，从此不再彻夜饮酒。还任用淳于髡为接待诸侯宾客的礼仪官员，主持齐国的国宴。

悦读必考

1. 猜字谜。

   木头不得不露头。

   谜底：＿＿＿＿＿＿＿

2. 查成语词典，解释"捶胸顿足"的意思，并比较和"矫手顿足"有什么不同。

   ＿＿＿＿＿＿＿＿＿＿＿＿＿＿＿＿＿＿＿＿＿＿＿

   ＿＿＿＿＿＿＿＿＿＿＿＿＿＿＿＿＿＿＿＿＿＿＿

3. 形容一下你周围的人，高兴的时候会是什么样子呢？

   ＿＿＿＿＿＿＿＿＿＿＿＿＿＿＿＿＿＿＿＿＿＿＿

   ＿＿＿＿＿＿＿＿＿＿＿＿＿＿＿＿＿＿＿＿＿＿＿

第四十七课

嫡❶后嗣续❷，祭祀烝尝❸。

稽颡❹再拜，悚惧恐惶。

悦读悦好
YUEDUYUEHAO

注 释

❶嫡：奴隶社会、封建社会中的正妻。 ❷嗣续：子孙世代继承；子孙繁衍。《国语·晋语四》："嗣续其祖，如谷之滋。" ❸烝尝：《礼记·王制》："天子诸侯宗庙之祭，春曰礿，夏曰禘（dì），秋曰尝，冬曰烝。"《说文》郑注："此盖夏殷之祭名，周则春曰祠，夏曰礿。"此以"烝尝"代指四时祭祀。 ❹稽颡：屈膝下拜，以额触地的一种跪拜礼，表示极度虔诚和感谢。颡，额头。

古文今译

古代凡是正妻生的儿子，主持一年四季祭祀祖先的仪式都不能懈怠。跪着磕头，拜了又拜；礼仪要周全恭敬，心中要充满对祖先的敬畏。

悦读故事

《三国演义》中的"嫡庶"之争

奴隶社会、封建社会中有妻妾之分，正妻生育的儿子称为嫡，妾室的儿子称为庶。按照宗法制度，嫡庶之中"嫡"要占优势，所以有"嫡系"这个说法。

《三国演义》中两个大军阀袁绍和袁术两个都是司空袁逢的儿子，袁绍年长是哥哥，袁术年幼是弟弟；但袁绍是庶出，袁术是嫡出。所以，他们之间存在的"嫡长"之争，比外人之间争得更厉害。

十八路诸侯推选盟主时，大家公推袁绍，袁术很不满。论官位自己比袁绍高，论血统自己又比袁绍正统。结果，袁术当众辱骂群雄，差点儿闹得不欢而散。

袁术的部下豫州刺史孙坚进攻董卓，离开了豫州。袁绍任命周昕为豫州刺史，想夺取孙坚的地盘，袁术引兵击退了周昕。

袁绍想立刘虞为帝，但袁术反其道而行，托辞公义不赞同袁绍的提议，后来自己反而称帝。

悦读必考

1. 仿照"悚"写出至少三个部首为"忄"的字。

2.查字典，解释下列汉字分别代表身体的哪个部位。

颌——（　　）　颡——（　　）　颈——（　　）

颅——（　　）　颜——（　　）　颧——（　　）

第四十八课

笺❶牒简要，顾答审❷详。
骸❸垢想浴，执热❹愿凉。

注 释

❶笺：文书、书信。　❷审：详细，周密。　❸骸：身体。　❹执热：手执灼热之物。《诗·大雅·桑柔》："谁能执热，逝不以濯。"

古 文 今 译

给别人写信要简明扼要，回答别人的问题要详细周全。

身上脏了就要想到洗澡，好比手上拿着烫的东西就希望它赶快冷下来。

悦读故事

[苏武鸿雁传书]

西汉时期，汉朝和匈奴之间时而和好，时而交战，双方经常扣押对方的使者。苏武奉命作为使节出使匈奴，被匈奴人借故扣押。他持节不辱，被匈奴人流放到贝加尔湖边牧羊。后来，匈奴被汉朝打败了，汉朝向匈奴索取过去被匈奴扣押的使者中没有投降的人。匈奴人欺骗汉使说，没有投降匈奴的使者，都已被匈奴杀掉了。汉使早就知道苏武还活着，就欺骗匈奴人说，汉天子在打猎的时候，打到了一只大雁，大雁的脚上还拴着过去汉使苏武写给汉天子的信呢！匈奴人信以为真，只好把苏武释放了。苏武回到汉朝时，距离他出使匈奴已经十九年了。

悦读必考

1. 写出下列词语的反义词。

简略——（　　）　肮脏——（　　）　热——（　　）

2. 将关联词"但是"插入下面句中合适的位置，并保持原句的意思不变。

给别人写信要简明扼要，回答别人问题要详细周全。

_____

_____

3. 给你的同学、老师或者爸爸妈妈写一封信，注意信件的
   格式要正确。

_____

_____

_____

第四十九课

驴骡犊❶特❸，骇跃超骧❹。

诛❺斩贼盗，捕获叛亡。

注　释

❶骡：骡子。　❷犊：小牛，泛指牛。　❸特：公牛，亦用以借指公马或雄性的牲畜。　❹骧：马抬起头快跑。　❺诛：杀死，铲除。

古文今译

牛马骡驴这类家畜，受惊时狂蹦乱跳，着实吓人，但它们很有用处，在生活中不可缺少。

要处死那些打家劫舍、扰乱治安的盗贼，追捕叛逆逃亡的坏人，这样才能消除祸患。

悦读故事

义 纵

义纵是汉武帝时期河东人，他家本是河东富户，在西汉抑制豪强的政策下被地方官员盘剥逼迫得家破人亡，父母都被杀害了，自己也沦为强盗。而强盗更是不为西汉律法所容，只要被抓到，只会有一个下场——杀头。

义纵的姐姐义姁擅长医术，入宫做了一个侍女。很快义姁就因为医术博得了王太后的欢心，义姁请求王太后赦免自己的弟弟。义纵被王太后赦免，还被任命做了中郎，

出任上党郡的县令。

　　义纵执政手段十分严酷，很快就因为政绩卓著引起了上司和汉武帝的关注，又先后升迁为长陵令和长安令。义纵铁面无私，不徇私情，不畏权贵，就连王太后的外孙犯法都被他惩处。后来，义纵又被提拔为河内郡都尉、南阳郡太守、定襄郡太守、右内史，所到之处无不杀得人头滚滚。只要他认为是有罪的人，他都一概杀掉，完全不顾虑"法不责众"。因此，他在《史记》中被列入《酷吏列传》。

悦读必考

1. 整理原文中"马"字旁和"牛"字旁的字，写在下面。

　　"马"字旁：＿＿＿＿＿＿＿＿＿＿＿＿＿＿＿

　　"牛"字旁：＿＿＿＿＿＿＿＿＿＿＿＿＿＿＿

2. "亡"有三种意思：A.死亡；B.逃亡；C.丢失。将下面成语中"亡"的正确意思写在成语后面。

　　亡羊补牢（　　）　　　　　歧路亡羊（　　）

　　亡命之徒（　　）　　　　　追亡逐北（　　）

　　生死存亡（　　）　　　　　自取灭亡（　　）

第五十课

布①射僚②丸，嵇③琴阮④啸。
恬⑤笔伦⑥纸，钧⑦巧任⑧钓。
释纷⑨利俗⑩，并皆佳妙。

注　释

①布：吕布善射箭，曾于辕门射戟，解决了刘备与袁术大将纪灵之争。　②僚：宜僚。善玩弹丸。　③嵇：嵇康。善弹琴咏诗。　④阮：阮籍。擅长长啸。　⑤恬：蒙恬。西晋崔豹《古今注》说蒙恬开始用兔毫竹管做笔。　⑥伦：蔡伦。《后汉书》记他开始创造性地用树皮、麻头和破布等来造纸，人称"蔡侯纸"。　⑦钧：马钧。三国时人，巧思，曾做指南针和龙骨水车。　⑧任：任公子。善于捕鱼。事见《庄子·外物》。　⑨纷：纠纷。　⑩俗：俗世，世人。

古文今译

　　吕布擅长射箭，宜僚有弄丸的绝活，嵇康善于弹琴，阮籍好长啸。

　　蒙恬造出毛笔，蔡伦发明造纸术；马钧巧制水车，任公子精通垂钓。

他们或善于解人纠纷，或善于发明创造，有利于社会，这些都为人所称道。

悦读故事

〔辕门射戟〕

三国时期，曹操在许昌"挟天子以令诸侯"。割据徐州的刘备又收留了吕布，两个人都和曹操有仇，令曹操非常忌惮。

曹操派人暗告袁术，说刘备向朝廷上表要攻打他，而后又以朝廷的名义命令刘备讨伐袁术。刘备知道是计，但不敢违抗王命，只得出征，并留下张飞守徐州城。哪想刘备走后，张飞醉酒，被吕布夺取徐州。

袁术又勾结吕布，夹击刘备。吕布邀请战败的刘备到小沛驻扎。

袁术再次进攻刘备。吕布担心怕唇亡齿寒，决定帮助刘备。

待袁术大军到达后，吕布就将袁术的大将纪灵和刘备请到帐中，设宴讲和。纪灵不答应，于是吕布决定辕门射戟以定战和，双方同意按这个方法办。吕布一箭中的，纪灵被迫讲和。

悦读必考

1. "布、僚、嵇、阮、恬、伦、钧、任"这八个指人的词
语中，分别是他们的姓和名的是：

姓： _____

名： _____

2. 填空。

（1）我国的四大发明分别是蔡伦发明的造纸术、毕昇
发明的_____、火药和_____。

（2）文房四宝是指笔、____、纸、____。

3. 你有什么特长呢？给大家说一说吧。

_____

_____

第五十一课

毛施¹淑姿，工²颦³妍⁴笑。
年矢⁵每催，曦⁶晖朗曜⁷。

注 释

①毛施：毛，毛嫱。施，西施。《庄子·齐物论》："毛嫱、西施，人之所美也。" **②工**：善。 **③颦**：皱眉。 **④妍**：美丽。 **⑤矢**：箭。 **⑥曦**：阳光（多指早晨的）。 **⑦曜**：日光、照耀。

古文今译

毛嫱、西施都是古代的美女，哪怕皱着眉头，也像在美美地笑。

可惜青春易逝，岁月匆匆催人渐老，只有太阳的光辉永远朗照。

悦读故事

〔东施效颦〕

春秋时，越国有一位名叫西施的美女，不管是举手投足，还是一颦一笑，都惹人喜爱。西施虽然不施粉黛，衣着朴素，但是无论走到哪里，都为人瞩目，没有人不惊叹于她的美丽。就连西施浣纱的时候，水中的鱼都因为看呆了，忘记游泳而沉入水底。

但是，西施这样一位绝世美女却患有心脏病，时常会心口疼。有一天，她又犯病了，手捂胸口，双眉皱起，却流露出一种别样的娇媚柔弱之态。当她从乡间走过的时候，同乡无不睁大眼睛注视。

　　西施同村有一个名叫东施的丑女，相貌丑陋，动作粗野，说话像打雷一样，却整天梦想着把自己打扮成美女，今天涂脂抹粉，明天穿金戴银，却屡屡遭到同乡的耻笑。

　　这一天，她看到西施捧着心口、双眉紧蹙的样子是这样惹人怜爱，于是也学着西施的样子，手捂胸口，双眉皱起，在乡间晃来晃去。

　　结果，东施矫揉造作的样子吓坏了乡邻。有的人看到东施走来，连忙把门紧紧关上；有的人看到东施来了，赶紧把老婆、孩子拉着远远地躲开。东施所到之处都是一片鸦雀无声，大家都生怕这个丑八怪犯了疯病。

悦读必考

1. 同音字组词。

工（　　）　　公（　　　）

宫（　　）　　弓（　　　）

2. 填空。

"年矢每催"如果翻译成现代汉语名言就是"光阴似箭，＿＿＿＿＿＿＿＿＿＿＿＿＿＿＿＿＿＿＿＿"。

3. 写一段文字，描写一个人的面部表情。

＿＿＿＿＿＿＿＿＿＿＿＿＿＿＿＿＿＿＿＿＿＿＿＿＿＿＿＿＿

第五十二课

璇玑¹悬斡²，晦魄³环照。

指薪⁴修祜⁵，永绥⁶吉劭⁷。

注释

❶璇玑：古代称北斗星的第一星至第四星。　❷斡：旋转。　❸晦魄：夜晚的月

亮。 **❹指薪**：《庄子·养生主》："指穷于为薪，火传也，不知其尽也。"意思是用木柴烧火，木柴有穷尽的时候，而火往下传，却不会灭。喻人的肉体会死亡，而人类的生命是延续无穷的。指同"脂"，油脂。 **❺祜**：福；大福。 **❻绥**：平安，安抚。 **❼劭**：劝勉，美好（多指道德品质）。

古文今译

　　高悬的北斗随着四季变换转动，明晦的月光洒遍人间每个角落。

　　人的一生只有修福积德，才能像薪尽火传那样精神永存，子孙也会因此而得到幸福。

悦读故事

［薪尽火传］

　　满清末年，名臣李鸿章最初是在另一位名臣曾国藩的部下担任幕僚，担任处理往来公文的事务。

　　最初，李鸿章非常年轻，虽然才能卓越，但是恃才放旷，贪睡懒散，在曾国藩的湘军中显得格格不入。

　　有一天，李鸿

章又说自己头疼，卧床不起。

曾国藩也是从年轻的时候过来的，自然知道李鸿章的那点儿小伎俩，十分恼怒李鸿章的懒惰，派人将李鸿章从被子里揪出来吃早餐。

吃过饭之后，曾国藩严肃地对李鸿章说："做人要严于律己，这样才能成就功业，否则再高的才能也只会一事无成。"说完就扔下李鸿章走了。

李鸿章十分感动，从此养成了早睡早起的好习惯。

后来，李鸿章自立门户创立了淮军。他回忆在曾国藩部下任职的经历时，说道："在营中时，我老师总和我们同时吃饭，饭后便围坐一起谈经论史，都是对学问事业有益的。吃一顿饭，胜过上一回课……"

1872年，曾国藩病逝，李鸿章特地写了一副挽联悼念他："师事近三十年，薪尽火传，筑室忝为门生长；威名震九万里，内安外攘，旷世难逢天下才。"

悦读必考

1. 填空。

北斗七星和_____一起可以在有星星的夜晚为人们指引方向。

2. 查成语词典，解释成语的意思。

薪尽火传：_____

3.在夜间观察星空，把你认识的星座和天体给大家说一说。

_____

_____

_____

第五十二课

矩步引领❶，俯仰廊庙。
束带矜❷庄，徘徊❸瞻眺❹。

注 释

❶矩步引领：指古代儒者的服饰和容态。南朝·宋·范晔《后汉书·儒林传序》："服方领习矩步者，委它乎其中。"　❷矜：自夸、自恃。《礼记·表礼》："不矜而庄。"　❸徘徊：指在一个地方来回地走，比喻犹豫不决，也比喻事物在某个范围内来回浮动、起伏。　❹瞻眺：远望；观看。

古文今译

走路应步伐稳重，抬头弯腰都应像在祖庙里祭祀一般严肃。

整理好衣帽，束紧衣带，端庄持重，散步或登高远望，都要注重仪表风度，合乎礼节。

邹忌和徐公

战国时，齐国的大臣邹忌身高八尺，而且相貌堂堂。

有一天早上，他对着镜子整理衣服时，对妻子说："我与城北徐公相比，谁的仪表更好一些呢？"

他的妻子说："您的仪表这么好，徐公怎么能比得上呢！"

城北徐公是齐国有名的美男子。和徐公相比，邹忌对自己的仪表并没有这么大的自信，于是又问他的小妾说道："我和徐公相比，谁更有风仪？"

小妾说："徐公怎比得上您呢？"

第二天，有客人来拜访邹忌。邹忌和客人坐着谈话。

邹忌问客人道："我和徐公相比，谁更有风度？"

客人说："徐公不如您有风度啊！"

又过了一天，徐公也来拜访邹忌。

邹忌仔细地端详徐公的相貌衣着和一举一动，觉得自己和徐公相比还差得远呢！

晚上，邹忌躺在床上，还在想这件事："我的妻子认为我仪表更好，是因为她偏爱我；我的小妾认为我更有风仪，是因为她怕我；客人认为我更有风度，是因为有求于我。他们都没有说真话。看来，说真话是一件很难的事情啊！"

悦读必考

1. 用原文中的词语补全成语。

　循规蹈___　　　___拾皆是　　　　_____不前

2. 造句。

　徘徊——_____

3. 写一段话，描写一个人做某件事的动作。

　_____

　_____

第五十四课

孤陋寡闻❶，愚蒙等诮❷。
谓语助者，焉哉乎也。

注 释

❶ **孤陋寡闻**：学识浅陋，见闻不广，对世事了解得不多。《礼记·学记》："独学而无友，则孤陋而寡闻。" ❷ **诮**：讥讽、嘲讽。

古文今译

这些只是浅陋的见识，愚笨蒙昧，让人耻笑。

我的学识也不过是一些语助词"焉哉乎也"罢了。

悦读故事

《千字文》的由来

《千字文》原名为《次韵王羲之书千字》，是南朝梁代周兴嗣所作的一首长韵文。

据说，梁武帝爱好书法，取了王羲之写的一千个字体，让皇子们临摹学习，但是又觉得这些字杂乱无章，于是命令散骑侍郎、给事中周兴嗣编写一篇文章，把这些字都用上。

周兴嗣只用了一个晚上就写好了。由于这篇文章是奉梁武帝诏命而撰写，故结尾以自谦的语气（"谓语助者，焉哉乎也"）来回复皇命。

虽然作者已经尽量避免使用重复的字，但还是有多个字重复：

"发"：周发殷汤；盖此身发。

"巨"：剑号巨阙；巨野洞庭。

"昆"：玉出昆冈；昆池碣石。

"戚"：戚谢欢招；亲戚故旧。

"云"：云腾致雨；禅主云亭。

悦读必考

1. 写出下列词语的反义词。

寡——（   ）　　　　　　　　愚——（   ）

2. 用"孤陋寡闻"造句。

孤陋寡闻——_____

3. 你喜欢《千字文》吗？它对你的学习生活有什么指导意义呢？

_____

配套试题

试 卷 一

一、看拼音，写词语。

hóng huāng　　　xiá ěr　　　　gāo yáng　　　　diān pèi

（　　　　）　（　　　　）　（　　　　）　（　　　　）

jīng wèi　　　chéng míng　　　bàm iǎn　　　　jiǎng lì

（　　　　）　（　　　　）　（　　　　）　（　　　　）

二、多音字组词。

藏 ⎰ zàng（　　　　）
　 ⎱ cáng（　　　　）

调 ⎰ diào（　　　　）
　 ⎱ tiáo（　　　　）

称 ⎰ chēng（　　　　）
　 ⎱ chèn（　　　　）

朝 ⎰ cháo（　　　　）
　 ⎱ zhāo（　　　　）

三、给下列形近字组词。

⎰ 谈（　　　）
⎱ 炎（　　　）

⎰ 恃（　　　）
⎱ 诗（　　　）

⎰ 彼（　　　）
⎱ 披（　　　）

⎰ 贤（　　　）
⎱ 货（　　　）

⎰ 端（　　　）
⎱ 瑞（　　　）

⎰ 健（　　　）
⎱ 建（　　　）

四、将词语补充完整。

天地（　）（　）　　　　宇宙（　）（　）

（　）（　）盈昃　　　　辰（　）列（　）

寒（　）暑（　）　　　　（　）收（　）藏

闰（　）成（　）　　　　（　）吕（　）阳

五、写出下列词语的反义词。

贵重——（　　　）　　创造——（　　　）

英明——（　　　）　　统一——（　　　）

吉祥——（　　　）　　恭敬——（　　　）

遗忘——（　　　）　　宽敞——（　　　）

六、判断对错，对的打"√"，错的打"×"。

1. "年矢每催，曦晖朗曜"说的是可惜青春易逝，岁月匆匆催人渐老，只有太阳的光辉永远朗照。（　　　）

2. "枇杷晚翠，梧桐蚤凋"这句里出现了枇杷、翠竹、梧桐和跳蚤。（　　　）

3. "诗赞羔羊"的上一句是"鸣凤在竹"。（　　　）

4. "盖此身发，四大五常"人的身体发肤分属于"四大"，一言一动都要符合"五常"。（　　　）

七、根据原文填空。

《千字文》中解释为"太阳有正有斜，月亮有缺有圆；星辰布满在无边的太空中。寒暑循环变换，来了又去，去

了又来；秋季里忙着收割，冬天里忙着储藏。"的句子
是_____，_____，_____，_____。

八、根据选文，回答问题。

推位让国，有虞陶唐。吊民伐罪，周发殷汤。

1.解释文中加点的字。

吊：_____

伐：_____

2.文中"有虞""陶唐""周发""殷汤"分别指的是谁？

_____

3.根据自己所知道的中国古代历史故事，说一下"周发""殷汤"分别做过什么样的大事？

_____

_____

九、作文。

《千字文》中提到了很多历史事件，请根据自己所崇拜的一个历史人物写一篇短文，不少于300字。

要求：题目自拟，文体不限。字体工整，语句通顺。

试 卷 二

一、给加点的字选择正确的读音，并用"____"画出来。

懈怠（xiè jiè）　讥讽（fèng fěng）　闲暇（jià xiá）

排遣（qiǎn yí）　枇杷（pá ba）　梧桐（wù wú）

曲折（qū qǔ）　奢求（shē shè）　糟糠（cáo zāo）

二、选择合适的字组成词语。

凉　晾　谅　惊　掠　鲸

（　）过　（　）快　（　）解　（　）鱼　（　）晒

跳　桃　逃　挑　佻　眺

（　）望　（　）跑　（　）李　轻（　）

愉　输　榆　喻　愈　逾

（　）越　比（　）　（　）树　运（　）　（　）快

三、选字填空。

副　幅　飘　漂　废　费

1.墙上挂着一(　　)油画，画上的女孩儿带着一(　　)眼
镜，手里捧着一本书。

2.一片花瓣随风(　　)落下来，顺着水流(　　)向远方。

3.任何时候都不能浪(　　)，这是非常简单的道理。

4.(　　)品被运到垃圾场，做无害化处理。

四、选择合适的词语填空。

惊喜　欢笑　喜悦　欣喜若狂　羡慕

1.两个人(　　　　)，紧紧拥在一起，热泪滚滚而下。

2.采珍珠的姑娘(　　　)地叫道："多么美丽的珍珠啊!"

3.天鹅的样子那么高贵，姿态那么优雅，丑小鸭真是又惊奇又(　　　)。

4.他们看到鸟儿不再鸣唱，花儿不再(　　　)。

五、填空。

1.古代对儿童进行启蒙教育所使用的识字读本《＿＿＿》《＿＿＿》和《千字文》被合称为"三百千"。

2.《千字文》是＿＿＿朝梁武帝在位时期（502—549年）编成的。

3.《千字文》中告诉我们要与兄弟姐妹、亲人朋友们同心同德、齐心协力的句子是。

六、在括号中填入恰当的关联词。

与其……不如……　　宁可……也不……

不但……而且……　　虽然……但是……

1.(　　　)王老师离开了这所学校已经两年，(　　　)大家仍然和他保持着联系。

2.考试的时候，林康(　　　)让题目空着，(　　　)不去抄袭别人的。

3.(　　　)在这里坐以待毙，(　　　)大家团结起来冲出敌人的包围圈。

4.学校里的伙食(　　　)美味可口，(　　　)菜品非常丰富。

七、按要求写句子。

1.燕子飞过田野。（扩写句子）

_____

2.蔡伦改进了造纸术。（改为反问句）

_____

3.天上的星星在闪烁。（改为拟人句）

_____

4.廉颇的声威远传到沙漠边地，美誉和画像一起遗臭万年。
（修改病句）

_____

八、根据选文，回答问题。

　　　　临深履薄，夙兴温凊。似兰斯馨，如松之盛。
　　　　川流不息，渊澄取映。容止若思，言辞安定。

1.找出文中包含的成语（至少三个）。

_____

2."临深履薄，夙兴温凊。"分别针对的是哪两件事？

_____

3."言辞安定"的具体含义是什么？

_____

_____

九、作文。

　　读完《千字文》，我们会学到一些为人处世的道理。
请根据你自己的收获，写一篇短文。

附录

《千字文》全文

天地玄黄	宇宙洪荒	日月盈昃	辰宿列张
寒来暑往	秋收冬藏	闰余成岁	律吕调阳
云腾致雨	露结为霜	金生丽水	玉出昆冈
剑号巨阙	珠称夜光	果珍李柰	菜重芥姜
海咸河淡	鳞潜羽翔	龙师火帝	鸟官人皇
始制文字	乃服衣裳	推位让国	有虞陶唐
吊民伐罪	周发殷汤	坐朝问道	垂拱平章
爱育黎首	臣伏戎羌	遐迩一体	率宾归王
鸣凤在竹	白驹食场	化被草木	赖及万方
盖此身发	四大五常	恭惟鞠养	岂敢毁伤
女慕贞洁	男效才良	知过必改	得能莫忘
罔谈彼短	靡恃己长	信使可覆	器欲难量
墨悲丝染	诗赞羔羊	景行维贤	克念作圣
德建名立	形端表正	空谷传声	虚堂习听
祸因恶积	福缘善庆	尺璧非宝	寸阴是竞
资父事君	曰严与敬	孝当竭力	忠则尽命

临深履薄　夙兴温清　似兰斯馨　如松之盛
川流不息　渊澄取映　容止若思　言辞安定
笃初诚美　慎终宜令　荣业所基　籍甚无竟
学优登仕　摄职从政　存以甘棠　去而益咏
乐殊贵贱　礼别尊卑　上和下睦　夫唱妇随
外受傅训　入奉母仪　诸姑伯叔　犹子比儿
孔怀兄弟　同气连枝　交友投分　切磨箴规
仁慈隐恻　造次弗离　节义廉退　颠沛匪亏
性静情逸　心动神疲　守真志满　逐物意移
坚持雅操　好爵自縻　都邑华夏　东西二京
背邙面洛　浮渭据泾　宫殿盘郁　楼观飞惊
图写禽兽　画彩仙灵　丙舍傍启　甲帐对楹
肆筵设席　鼓瑟吹笙　升阶纳陛　弁转疑星
右通广内　左达承明　既集坟典　亦聚群英
杜稿钟隶　漆书壁经　府罗将相　路侠槐卿
户封八县　家给千兵　高冠陪辇　驱毂振缨
世禄侈富　车驾肥轻　策功茂实　勒碑刻铭
磻溪伊尹　佐时阿衡　奄宅曲阜　微旦孰营
桓公匡合　济弱扶倾　绮回汉惠　说感武丁
俊乂密勿　多士寔宁　晋楚更霸　赵魏困横
假途灭虢　践土会盟　何遵约法　韩弊烦刑
起翦颇牧　用军最精　宣威沙漠　驰誉丹青
九州禹迹　百郡秦并　岳宗泰岱　禅主云亭
雁门紫塞　鸡田赤城　昆池碣石　巨野洞庭
旷远绵邈　岩岫杳冥　治本于农　务兹稼穑

俶载南亩　我艺黍稷　税熟贡新　劝赏黜陟
孟轲敦素　史鱼秉直　庶几中庸　劳谦谨敕
聆音察理　鉴貌辨色　贻厥嘉猷　勉其祗植
省躬讥诫　宠增抗极　殆辱近耻　林皋幸即
两疏见机　解组谁逼　索居闲处　沉默寂寥
求古寻论　散虑逍遥　欣奏累遣　戚谢欢招
渠荷的历　园莽抽条　枇杷晚翠　梧桐蚤凋
陈根委翳　落叶飘摇　游鹍独运　凌摩绛霄
耽读玩市　寓目囊箱　易輶攸畏　属耳垣墙
具膳餐饭　适口充肠　饱饫烹宰　饥厌糟糠
亲戚故旧　老少异粮　妾御绩纺　侍巾帷房
纨扇圆洁　银烛炜煌　昼眠夕寐　蓝笋象床
弦歌酒宴　接杯举觞　矫手顿足　悦豫且康
嫡后嗣续　祭祀烝尝　稽颡再拜　悚惧恐惶
笺牒简要　顾答审详　骸垢想浴　执热愿凉
驴骡犊特　骇跃超骧　诛斩贼盗　捕获叛亡
布射僚丸　嵇琴阮啸　恬笔伦纸　钧巧任钓
释纷利俗　并皆佳妙　毛施淑姿　工颦妍笑
年矢每催　曦晖朗曜　璇玑悬斡　晦魄环照
指薪修祜　永绥吉劭　矩步引领　俯仰廊庙
束带矜庄　徘徊瞻眺　孤陋寡闻　愚蒙等诮
谓语助者　焉哉乎也

参考答案

第一课

1.晃　景　早　2.胆　3.略

第二课

1.润　湿润　2.略

第三课

1.生字　出现　号令　称呼　2.问　闪　间　3.略

第四课

1.jiè　lín　qián　xiáng　2.圭　3.略

第五课

1.仓颉　螺祖　2.在手工课上，小明制作的风车最好看。　3.略

第六课

1.推举　让位　犯罪　2.上下　半包围　左右　3.略

第七课

1.石拱桥　黎明　宾客　2.闻名遐迩：名声很大，远近闻名。　3.略

第八课

1.白——日　方——万　2.驹　3.略

第九课

1.1.头发、皮肤、躯干、手、脚等。2.恭敬地想到父母的养育之恩，不敢随便损伤自己的身体。

第十课

1.美慕　仿效　莫非　2.我要做一个知错就改的好孩子。　3.略

第十一课

1.网　冈　凤　2.略

第十二课

1.建立：开始成立或产生。　端正：指姿势挺直或态度品行正派。　2.儿童就像早上八九点钟的太阳。　3.略

第十三课

1.积累　善良　竞争　2.寸金难买寸光阴　3.略

第十四课

1.资父　事君　2.尽心竭力：用尽心思，使出全力。形容做事十分努力。　3.略

第十五课

1.语言　安稳　2.广场上车辆来往，川流

不息。　3.略

第十六课

1.成果　诚实　命令　今天　竟然　竞争　2.无论修身、求学，虽然要重视开头，认真去做，但是有好的结果更为重要。　3.略

第十七课

1.常　赏　2.从政　3.略

第十八课

1.快乐　音乐　和谐　应和　2.贱　卑　下　老　3.略

第十九课

1.教育　好像　2.不是。　3.略

第二十课

1.怀念　投缘　切磋　规定　2.同气连枝：比喻同胞的兄弟姐妹。　3.略

第二十一课

1.勿以善小而不为　2.略　3.略

第二十二课

1.第一个和第四个好念hào，意思是爱好、喜欢；第二个和第三个好念hǎo，意思是容易方便、内容好。整句话的意思是：爱好读书的时候，却不容易读书；等到是读到本好书的时候，却又不喜欢读书了。

2.无论做什么事，我们都要坚持，不轻易放弃。　3.略

第二十三课

1.江　河　海　2.泾渭分明：泾河水清，渭河水浑，泾河的水流入渭河时，清浊不混。比喻界限清楚或是非分明。　3.东京　华盛顿　伦敦　巴黎

第二十四课

1.郑　郭　郊　2.琼楼玉宇　飞禽走兽　舍近求远　3.略

第二十五课

1.鼓瑟　吹笙　击缶　弹琴　2.略
3.滥竽充数

第二十六课

1.通讯　到达　集中　团聚　2.略

第二十七课

1.gěi jǐ　2.略　3.略

第二十八课

1.俸禄　奢侈　鞭策　茂盛　勒索　铭刻　2.高官厚禄、非亲非故　3.略

第二十九课

1.姜太公　　　　刘邦
伊尹　　　　　商汤
诸葛亮　　　　周文王
萧何　　　　　刘备

2.曲阜一带，只有周公姬旦才能治理。3.略

第三十课

1.于　匆　2.扶危济困：扶助有危难的

人，救济困苦的人。　3.略

第三十一课

1.gēng　gèng　2.合纵连横：简称纵横，战国时期纵横家所宣扬并推行的外交和军事政策。　3.齐桓公、宋襄公、晋文公、秦穆公和楚庄王。

第三十二课

1.羽　页　牛　2.他们不仅声威远传到沙漠边地，而且美誉和画像一起流芳后代。　3.萧规曹随、成也萧何败也萧何。

第三十三课

1.shàn　chán　shàn　2.华山、嵩山
3.根据《尚书·禹贡》的记载，九州分别是：冀州、徐州、兖州、青州、扬州、荆州、梁州、雍州和豫州。

第三十四课

1.活塞　要塞　堵塞　2.湖南　山西　3.略

第三十五课

1.轻　生　2.D　3.略

第三十六课

1.朴素　平庸　谦虚　谨慎　2.谦虚是一种美德。　3.略

第三十七课

1.讥　诚　2.察言观色：留意观察别人的话语和神情，多指揣摩别人的心意。反躬自省：回过头来检查自己的言行得失。　3.略

第三十八课

1.奇　大　行事　上梁　2.汉朝的疏广、疏受两叔侄预见到危患的苗头就辞去高官告老还乡，没人逼他们这样做。　3.略

第三十九课

1.散步　零散　累计　劳累　2.高兴的样子。　3.略

第四十课

1.zhōu　diāo　chóu　2.秋天一到，很多花儿开始凋谢。　3.略

第四十一课

1.陈年　阵地　云霄　元宵　2.盘根　匠心　风雨　北往　3.略

第四十二课

1.隔墙有耳　2.我们上课听讲要专注。3.略

第四十三课

1.具体　充实　饥饿　2.AABBAA　3.略

第四十四课

1.qī　yì　yù　jì　wéi　2.家里来亲戚做客，我们应该盛情款待。　3.略

第四十五课

1.纨绔子弟　执行　蓝色　竹篮　2.初七的月亮像豆角一样，有两个弯弯的角。3.略

第四十六课

1.杯　2.捶胸顿足是指敲胸口，跺双脚。形容非常懊丧，或非常悲痛。矫手顿足是手舞足蹈的意思，形容高兴到了极点。3.略

第四十七课

1.性　情　怖　2.颔——下巴　颡——额　头颈——脖子　颅——头部　颜——面部　颧——眼睛下边两腮上面的颜面骨。

第四十八课

1.详细　干净　冷　2.给别人写信要简明扼要，但是回答别人问题要详细周全。3.略

第四十九课

1."马"字旁：驴　骡　骇　骧　"牛"字旁：犊　特　2.CCBBAA

第五十课

1.姓：嵇、阮、任　名：布、僚、恬、伦、钧　2（1）活字印刷术　指南针（2）墨　砚　3.略

第五十一课

1.工人　公布　宫殿　弓箭　2.日月如梭　3.略

第五十二课

1.北斗星　2.薪尽火传：柴虽烧尽，火种仍留传。比喻师父传业于弟子，一代代地传下去。　3.略

第五十三课

1.循规蹈矩　俯拾皆是　徘徊不前　2.我在班上的成绩一直在中游徘徊。　3.略

第五十四课

1.多　智　2.如果你从没听说过它，也不必觉得自己孤陋寡闻。　3.略

配套试题

试卷一

一、洪荒　遐迩　羔羊　颠沛　泾渭　承明　罢免　奖励　二、宝藏　藏书　调动　调整　称呼　称职　朝代　今朝　三、谈话　炎热　凭恃　诗人　彼此　披风　贤臣　货物　尖端　瑞雪　健康　建国　四、天地玄黄　宇宙洪荒　日月盈昃　辰宿列张　寒来暑往　秋收冬藏　闰余成岁　律吕调阳　五、低廉　毁灭　昏庸　分裂　凶险　蔑视　怀念　狭小　六、1.√　2.×　3.×　4.√　七、日月盈昃，辰宿列张。寒来暑往，秋收冬藏。　八、1.吊：慰问。伐：讨伐。2.分别指舜帝，尧帝，周武王姬发，商汤。　3.略　九、略

试卷二

一、xiè fěng xiá qiǎn pá wú qū shē zāo 二、掠过 凉快 谅解 鲸鱼 晾晒 眺望 逃跑 桃李 轻佻 逾越 比喻 榆树 运输 愉快 三、1.幅 副 2.飘 漂 3.费 废 四、1.欣喜若狂 2.惊喜 3.美慕 4.欢笑 五、1.三字经 百家姓 2.南 3.诸姑伯叔 犹子比儿 孔怀兄弟 同气连枝 六、1.虽然……但是…… 2.宁可……也不…… 3.与其……不如…… 4.不仅……而且…… 七、1.略 2.难道不是蔡伦改进了造纸术吗？ 3.略 4.将"遗臭万年"改成"流芳百世"。 八、1.如履薄冰 夙兴夜寐 川流不息 2."临深履薄"针对侍奉君主，"夙兴温凊"针对孝敬父母。3."言辞安定"具体指言语措辞要稳重、得体。 九、略